Natal com Maria

Reflexões e roteiros para celebrar o Natal de Jesus

CB022580

José Carlos Pereira

Natal com Maria

Reflexões e roteiros para celebrar o Natal de Jesus

Dados Internacionais de Catalogação na Publicação (CIP)
(Câmara Brasileira do Livro, SP, Brasil)

Pereira, José Carlos
   Natal com Maria : reflexões e roteiros para celebrar o Natal de Jesus / José Carlos Pereira. – São Paulo : Paulinas, 2015

   ISBN 978-85-356-4003-8

   1. Festas religiosas - Cristianismo 2. Jesus Cristo - Natividade 3. Natal - Celebrações I. Título.

15-07844	CDD-263.91

Índices para catálogo sistemático:
1. Natal : Celebrações : Observância religiosa : Cristianismo 263.91

1ª edição –2015
1ª reimpressão –2023

Direção-geral: *Bernadete Boff*
Editora responsável: *Vera Ivanise Bombonatto*
Copidesque: *Ana Cecilia Mari*
Coordenação de revisão: *Marina Mendonça*
Revisão: *Mônica Elaine G. S. da Costa*
Gerente de produção: *Felício Calegaro Neto*
Projeto gráfico: *Irene Asato Ruiz*
Imagem de capa: *©Lithoprint Ltda.*

Nenhuma parte desta obra poderá ser reproduzida ou transmitida por qualquer forma e/ou quaisquer meios (eletrônico ou mecânico, incluindo fotocópia e gravação) ou arquivada em qualquer sistema ou banco de dados sem permissão escrita da Editora. Direitos reservados.

Cadastre-se e receba nossas informações
www.paulinas.com.br
Telemarketing e SAC: 0800-7010081

Paulinas
Rua Dona Inácia Uchoa, 62
04110-020 – São Paulo – SP (Brasil)
(11) 2125-3500
editora@paulinas.com.br
© Pia Sociedade Filhas de São Paulo – São Paulo, 2015

"Maria, a mãe que cuidou de Jesus,
agora cuida com carinho e preocupação materna
deste mundo ferido."

Papa Francisco
Encíclica *Laudato Si'*, n. 241

Sumário

Introdução...9

Símbolos do Advento......................................14

Símbolos do Natal..21

Leitura orante 30

Roteiros de celebrações para preparar
o Natal de Jesus...34

Roteiro para celebração na primeira semana
do Advento 35

Roteiro para celebração na segunda semana
do Advento 47

Roteiro para celebração na terceira semana
do Advento 60

Roteiro para celebração na quarta semana
do Advento 73

Roteiro para celebração no tempo do Natal......................84

Roteiro para se preparar, individualmente,
para celebrar o Natal...92

Algumas curiosidades sobre o Natal.......................98

Considerações finais...120

Introdução

Celebrar o Natal com Maria é celebrar a presença de Deus entre nós e ter com isso a certeza de que para ele nada é impossível. Estamos em pleno tempo de preparação para o Natal. Tempo de espera e de esperança, e Maria nos ensina a esperar com esperança, uma espera ativa, de quem confia plenamente em Deus. Vemos em Maria que ela se coloca à disposição de Deus e aguarda que nela seja feita a vontade dele. Dá-nos um exemplo de como deixar-nos guiar por ele. Com o seu sim dado ao anjo, Maria redime a humanidade do pecado, como sugere o livro de Gênesis (Gn 3,9-15.20).

O livro do Gênesis mostra, entre outras coisas, que o pecado entrou no mundo por uma mulher, Eva, a mãe de todos os viventes, tentada pela serpente, o mal. Em Eva revela-se a infidelidade da humanidade ao projeto de Deus, mas Deus, infinitamente misericordioso, não abandona sua criação à mercê do pecado. Sempre concede nova chance.

O Evangelho de Lucas (Lc 1,26-38) apresenta o anjo Gabriel, enviado por Deus para anunciar a uma virgem prometida em casamento que ela seria mãe de seu Filho. Embora isso seja motivo de grande alegria, é também algo assustador, e não é de estranhar a confusão e o medo sentidos por Maria. Ainda mais nas circunstâncias em que vivia (mulher, adolescente, virgem, prometida em casamento etc.).

O primeiro anúncio do anjo é um pedido para que ela se alegre. Com este anúncio e pedido, Deus quer não apenas a alegria de Maria, mas de todos os seus filhos e filhas, por isso o tempo de preparação para o Natal, com Maria, é um tempo de alegria.

Ele quer a alegria da humanidade, ou da nova humanidade, representada na pessoa de Maria. Assim, somos convidados neste tempo alegre a perceber quais são os motivos para que Deus, através dos seus inúmeros anjos (pessoas, situações etc.), continue pedindo que nos alegremos. Que motivos temos para nos alegrar? Cada um pode fazer um levantamento e apontar, na sua vida, esses inúmeros motivos. Esse levantamento e partilha poderão ser feitos nas celebrações propostas neste subsídio.

Podem ter certeza de que, se fizermos isso, vamos descobrir muitas razões para nos alegrarmos. Teremos muito mais motivo para nos alegrar do que para temer. Vamos descobrir que, semelhante à situação de Maria, em um sentido figurado deste tempo de preparação para o Natal, Deus está conosco. O anjo disse para Maria se alegrar porque Deus estava com ela.

Se Deus está com Maria, mulher, humana, que, semelhante a Eva, é representante da humanidade, ele também está conosco. Tanto é que Jesus é o *Emanuel*, o Deus conosco, como o apresenta o evangelista Mateus. Temos, portanto, um grande motivo de alegria: ele está conosco. E se ele está conosco, tudo é possível.

Com o anúncio, Maria ficou perturbada. Quais são as nossas perturbações, hoje? Elas têm fundamento, ou nós nos perturbamos por qualquer coisa? Mesmo que haja motivos para perturbações em nossa vida, logo se dissiparão se confiarmos plenamente que Deus está conosco. As perturbações servem para questionarmos, refletirmos sobre determinada situação e procurarmos uma solução, uma resposta. Foi o que Maria fez. Ela indagou, questionou o anjo, e a resposta que ouviu foi: "Não tenhas medo". O novo, as mudanças, os acontecimentos da nossa vida não nos devem amedrontar.

Precisamos enxergar em cada situação, por mais surpreendente que seja, a graça de Deus. A explicação do anjo não é totalmente compreendida por Maria, mas ela sente no coração que é a vontade de Deus e isso lhe basta. Quando conseguimos perceber a vontade de Deus na nossa vida, nada nos amedronta ou nos detém. Maria percebeu isso e se colocou à disposição de Deus, dando a ele seu sim. É uma entrega total. A partir daquele momento, não era mais a vontade dela que contava, mas a de Deus. Dizemos isso todos os dias, quando rezamos a oração do Pai-Nosso ("Seja feita a vossa vontade..."), mas temos ainda muita dificuldade em permitir que a vontade de Deus seja feita em nossa vida.

Assim, este tempo de preparação para o Natal nos ensina, a exemplo de Maria, a dizer sempre sim a Deus e a sermos coerentes com ele, assim como ela. Ensina-nos a fazer de nossa vida uma entrega total a Deus. Que este tempo que estamos vivendo deixe em nossa vida esse e outros bons ensinamentos, tendo Maria como mestra e guia.

Para ajudar na preparação deste tempo, apresentamos aqui uma espécie de roteiro para uma melhor vivência do sentido do Natal. Começamos por oferecer os símbolos do Advento e do Natal, com uma breve explicação desses tempos litúrgicos. Conhecendo melhor os símbolos e relembrando a forma cíclica e contínua dos tempos, entraremos mais bem preparados na dinâmica da vida cristã, especialmente no Advento e Natal, para, com Maria, assumirmos nossa missão cristã.

Seguem, então, seis roteiros de celebrações. Os quatro primeiros roteiros correspondem a celebrações a serem feitas nas quatro semanas do Advento, e o quinto é uma celebração a ser feita no tempo do Natal, seja no próprio dia ou logo após. O sexto roteiro é uma celebração para aqueles que, além de participarem das celebrações com a comunidade, querem se preparar individualmente para o Natal. Esse último roteiro prima pela meditação e contemplação.

Todos os roteiros são sugeridos com o método da *lectio divina*, ou leitura orante. Por essa razão, foi colocado um esquema da leitura orante, facilitando assim a aplicação desse método nas celebrações. Quem prepara as celebrações deve estar atento a esse detalhe, pois assim elas são vividas com mais profundidade.

Finalmente, trazemos algumas curiosidades sobre o Natal e seu contexto. Por devoção ou tradição, muitas vezes fazemos coisas nesse período sem sequer sabermos sua origem ou significado. É fundamental estarmos bem informados para celebrarmos e vivermos melhor esse tempo tão importante, para termos mais consciência do que estamos fazendo, pois, assim, as coisas ganham novo sentido na nossa vida.

Nas considerações finais, colocamos uma espécie de síntese dos três grandes momentos que envolvem o Natal: a preparação, o Natal e a Epifania. Três festas que estão amalgamadas em uma única, que tem como centro o Natal. Tudo gira em torno deste evento: o Natal do Senhor, do qual Maria é personagem fundamental.

Com Maria à frente, esperamos que este subsídio o ajude a se preparar e celebrar melhor o Natal do Senhor.

Símbolos do Advento

O Advento é o tempo litúrgico que abre o calendário da liturgia católica. É composto de quatro semanas, ou domingos, sendo que os dois primeiros tratam da segunda vinda de Jesus, e os dois últimos da primeira vinda, ou seja, seu nascimento propriamente dito. Dentro desse tempo litúrgico, celebramos também a Solenidade da Imaculada Conceição (no dia 8 de dezembro) e a festa de Nossa Senhora de Guadalupe, padroeira principal da América Latina (no dia 12 de dezembro), enfatizando que esse é um tempo forte da presença de Maria entre nós.

Na nossa caminhada de preparação natalina, encontramos diversos símbolos que, em síntese, traduzem a riqueza deste período. É importante conhecer o significado dos símbolos mais comuns.

O tempo do Advento tem também os seus símbolos, que, embora não sejam muitos, são bem expressivos. Alguns dos símbolos deste tempo litúrgico não são visíveis, mas subliminares, ou seja, estão presentes de modo apenas sugestivo, e não de modo palpável, como, por exemplo, o símbolo da gestação, representado na pessoa de Maria, que espera atentamente o nascimento do Menino Jesus. Por essa razão, a liturgia deste tempo nos coloca nesse clima de participação na gestação de Maria, como se o Cristo estivesse sendo gestado dentro de cada um de nós. Daí toda a preparação e vigilância que este tempo requer.

Vejamos alguns símbolos visíveis do tempo do Advento.

Coroa do Advento

A coroa do Advento, com as suas quatro velas, sendo uma acesa a cada domingo, simboliza a caminhada vigilante da comunidade rumo ao Natal de nosso Senhor Jesus Cristo. Com sua forma circular, sem começo e sem fim, ela está ligada à perfeição. O redondo cria harmonia, junta, une. A coroa é feita de ramos verdes, sinal de vida e esperança. Nela podem ser colocados alguns ornamentos, mas o mais importante são os ramos verdes que, liturgicamente, se pede que sejam naturais. Quanto aos ornamentos da coroa, devem ser discretos para não tirar o foco dos elementos principais: as velas, o verde dos ramos e a forma circular. Alguns confundem a coroa com a guirlanda e acabam por adorná-la com certo exagero, como se já fosse Natal.

Velas

As velas deste tempo litúrgico são as usadas na coroa do Advento. A cada domingo, acende-se uma vela da coroa. Uma a uma, as luzes vão aumentando, até chegar à grande festa da luz. Como um dos símbolos que não podem faltar na coroa do tempo do Advento, as velas lembram a espera atenta, vigilante.

Sobre a cor das velas, não existe consenso na liturgia acerca delas. Uns preferem colocar as velas com as cores de todos os tempos litúrgicos (verde, vermelha, branca e roxa); outros, três velas roxas e uma lilás, sendo a lilás a terceira, pois no terceiro domingo usa-se essa cor na liturgia; outros, também, usam colocar velas vermelhas, porque significam a cor do amor e do martírio; outros, ainda, utilizam todas brancas ou amarelas. Enfim, o mais importante não é a cor e sim, a luz. As cores são detalhes opcionais, sem muita relevância. Vale mesmo é a criatividade da equipe de liturgia em destacar a importância da luz que a vela emite. Se tivéssemos que indicar uma cor, seria o roxo e o rosa, que são as cores deste tempo litúrgico.

Discrição nos ornamentos e na liturgia

Alguns símbolos, como as flores, devem ser usados com discrição. Além disso, os hinos de louvores não devem ser cantados.

O excesso de instrumentos também deve ser evitado, deixando-se apenas os instrumentos mais discretos. Esses símbolos e instrumentos voltarão no Natal como expressão da concretização da espera.

Cores roxa e rosa

Nesse período a cor litúrgica é o roxo ou o lilás. Muitos preferem a cor lilás para diferenciar o tempo do Advento do tempo da Quaresma, mas liturgicamente a cor indicada é o roxo, porque é sinal de penitência, humildade e conversão.

A cor rosa é usada no terceiro domingo do Advento, chamado, tradicionalmente, de domingo *Gaudete*, isto é, da Alegria ou do "Alegrai-vos".

Lembre-se de que esse é um tempo de conversão, de espera atenta que requer preparação, que pode ser feita através da confissão e da participação nas novenas em preparação ao Natal, bem como através das celebrações deste tempo litúrgico, como as que aqui propomos.

O roxo é uma cor que lembra a penitência, a sobriedade deste tempo que é uma espécie de tempo de gestação, e que por isso exige alguns cuidados. Se não houver uma preparação adequada, corre-se o risco de termos uma mesa repleta de alimentos, e uma sala cheia de presentes, mas nosso coração pode estar vazio de Deus.

Ainda sobre as cores, vejamos a seguir um breve quadro ilustrativo das cores litúrgicas, usadas ao longo do ano.

As cores litúrgicas

Cor branca	O branco é a cor da Festa na Igreja. Simboliza ressurreição, vitória, pureza e alegria. É usado na Páscoa, no Natal, nas Festas do Senhor, nas Festas de Nossa Senhora e dos santos (exceto dos mártires).
Cor vermelha	O vermelho, que recorda o fogo do Espírito Santo, é usado na solenidade de Pentecostes. Lembra também o sangue. É a cor dos mártires e da Sexta-feira da Paixão, portanto, quando se celebra algum mártir, usa-se o vermelho.
Cor verde	O verde significa esperança. É usado nos domingos e dias de semana do Tempo Comum.
Cor roxa	O roxo é símbolo de penitência, sendo usado no tempo do Advento e no da Quaresma. Também é utilizado nas cerimônias de exéquias e nas confissões.
Cor preta	Além dessas supracitadas, há outras cores que, vez por outra, aparecem nos paramentos litúrgicos, mas que são opcionais, como, por exemplo, o preto. O preto é associado ao luto. Era usado em cerimônias de exéquias, missa de corpo presente e missa de sétimo dia. No entanto, foi substituído pelo roxo e passou a ser pouco usado na liturgia, estando, hoje, praticamente extinto.
Cor rosa	O rosa é utilizado no terceiro domingo do Advento e no quarto domingo da Quaresma (chamados domingos Gaudete = da alegria). Representa um momento de alegria em meio à expectativa (Advento), penitência e conversão do "deserto" quaresmal.
Cor amarela ou dourada	O amarelo é uma cor que, embora seja pouco empregada na liturgia, pode ser usada no Tempo Pascal ou no domingo de Páscoa, como também no sábado da Vigília Pascal. No lugar do amarelo usa-se comumente o dourado, que representa nobreza, festa, ou seja, uma ocasião de especial alegria.
Cor azul	O azul é considerado uma cor paralitúrgica, sendo permitido seu uso em festividades marianas. Porém, não é contado entre as cores litúrgicas e, sim, mais como uma cor temática.

Presépio sem a imagem do Menino Jesus

O presépio sem a imagem do menino Jesus representa espera. Alguns se apressam em colocar na manjedoura a imagem do menino tão longo o presépio é montado, esquecendo-se de que é ainda tempo de espera. A imagem só deve ser colocada no presépio na noite do Natal, e não no primeiro domingo do Advento.

Conta-se que o primeiro presépio foi montado por São Francisco de Assis no Natal de 1223. Sua ideia era explicar para as pessoas mais simples o significado do Natal e como foi o nascimento de Jesus Cristo. Isso acabou virando uma tradição que se espalhou pelo mundo. E a partir do século XVIII ela ganhou força, pois, na Europa, famílias passaram a montar o presépio dentro das suas casas, popularizando o costume que depois se disseminou por outras regiões do mundo e nas igrejas.

Há outros símbolos que, embora não sejam litúrgicos, estão associados ao período de Natal, como, por exemplo, a figura do Papai Noel, muita usada no comércio para estimular a venda de produtos. Pede-se que se evite o uso dessa imagem na Igreja, tendo em vista que ela induz ao consumo, sendo que o Natal não deve ser visto como uma celebração consumista, embora haja festas, ceia e troca de presentes. Apesar de a origem do Papai Noel ser religiosa, ela não deve ser usada nas celebrações religiosas. A lenda diz que a figura do Papai Noel se refere a São Nicolau, um bispo conhecido por sua generosidade para com os pobres. Sua transformação em símbolo natalino ocorreu na Alemanha e ganhou força nos Estados Unidos, que cunhou a figura do bom velhinho, de barbas brancas, roupas vermelhas, sentado em um trenó puxado por renas e carregando sacos de presentes. Desde 1881, quando o cartunista Thomas Nast divulgou essa imagem na revista *Harper's Weekys*, ela passou a ser propagada pelo mundo, sendo utilizada por grandes empresas.

Símbolos do Natal

O Natal é a celebração do nascimento do Salvador. Trata-se do tempo litúrgico que sucede o Advento. É a segunda maior festa do calendário católico, sendo a Páscoa a mais relevante. Inicia-se na noite do Natal, isto é, vai da meia-noite do dia 24 de dezembro até a festa do Batismo do Senhor.

Interessante mencionar também que neste tempo natalino celebramos a festa de Santo Estêvão, mártir (no dia 26 de dezembro), a festa de São João, apóstolo e evangelista (no dia 27 de dezembro), e a festa dos Santos Inocentes, mártires (no dia 28 de dezembro).

O tempo do Natal começa com uma grande festa ou cerimônia litúrgica festiva, a missa do Natal do Senhor ou, popularmente, a "Missa do Galo". Repleta de símbolos, essa missa deve ser uma manifestação da alegria da comunidade, com cantos de glória, instrumentos, flores e outros símbolos que expressem a importância dessa ocasião.

De fato, todo o período natalino é rico em simbologia. A origem de alguns símbolos se perde no tempo, enquanto outros passam de geração a geração. Os símbolos são eloquentes, falam por si mesmos e tocam o nosso coração. Vejamos a seguir alguns dos principais símbolos natalinos.

Cor branca

Essa cor, usada no tempo do Natal, representa a vitória, a paz, a pureza da alma e a alegria. O branco usado nos paramentos litúrgicos (vestes e alfaias) lembra que estamos em um tempo de festa. É a festa do nascimento de Jesus, que se prolonga por aproximadamente três semanas, indo da noite do Natal (24 de dezembro) até a semana depois da Epifania do Senhor.

Presépio

O presépio é a representação mais evidente daquilo que se celebra nesta data: o nascimento de Jesus. Poderá ser montado na entrada da Igreja, para que todos possam ver, ou em algum espaço no presbitério ou num lugar bem visível. É o momento em que a comunidade poderá mostrar sua criatividade, construindo um presépio que contemple símbolos da realidade ou do que se celebrou no ano que se finda, como, por exemplo, elementos da Campanha da Fraternidade, de algum projeto da Igreja ou mesmo de situações que tenham sido parte da vida da comunidade local.

Quanto mais criativo for o presépio e seu entorno, mais a comunidade entenderá o espírito do Natal e seu sentido litúrgico. Evite símbolos comerciais como Papai Noel e outros elementos que lembrem o consumismo. Os símbolos cristãos devem se sobrepor a qualquer outro. As figuras do presépio são tradicionais, como, por exemplo, os três reis magos, os animais, a estrela, a manjedoura com o menino Jesus (que é o centro de tudo), e o casal, José e Maria. Assim, o presépio representará o ambiente em que Jesus nasceu, ou seja, uma humilde manjedoura, uma estrebaria. A imagem do menino Jesus pode ser colocada solenemente no presépio durante a celebração da Vigília do Natal.

Estrela de Natal

Dentre os símbolos do Natal, destaca-se a estrela, que faz lembrar aquela que guiou os três magos até Belém. Ela é também símbolo da Luz de Cristo e do mundo. É por isso que no Natal se destacam luzes de todas as formas e cores. A estrela que deve brilhar no Natal é Cristo. Nenhuma outra deve roubar o seu brilho e a sua luz. Desse modo, pode-se colocar no presépio uma grande estrela, indicando o local do nascimento do Menino Deus.

Anjos

Mensageiros de Deus na história da salvação, não podem faltar no Natal. Um deles anunciou a Maria que ela seria a Mãe do Salvador; os anjos anunciaram também aos pastores o nascimento de Jesus, mostrando o local na gruta de Belém. São eles sinais de que os céus se abriram e Deus visitou o seu povo, simbolizando assim a comunicação de Deus. Desse modo, os anjos fazem parte dos arranjos e ornamentam nossas casas, Igrejas e tantos outros espaços, conferindo o espírito de Natal nesse tempo litúrgico. Eles também podem estar presentes no presépio.

Sinos

Os sinos anunciam uma grande alegria. Comunicam que nessa noite nasceu para nós o Salvador. Portanto, os sinos da noite de Natal prenunciam o cumprimento da profecia. Os sinos dobram na noite de Natal para celebrar o nascimento de Jesus.

Velas

As velas representam a luz: sejam as velas da coroa do Advento, que lembravam a espera atenta, sejam as que adornam as mesas na ceia do Natal, sejam as do altar, que lembram a luz de Cristo. Essa luz que, enquanto alumia, se consome, lembra o Cristo que deu a vida por nós e pede que sejamos também luz para nossos irmãos e irmãs. A vela possui esse simbolismo especial não apenas no Natal, mas em toda a liturgia católica, em qualquer época do ano. A ceia do Natal com velas sobre a mesa reforça o espírito natalino.

Flores

Flores ornamentam, enfeitam, embelezam e perfumam. São sinais de festa, de alegria, representam a beleza dessa noite santa. Algumas são especiais e muito usadas nessa ocasião para ornamentar os ambientes da celebração, as mesas e outros locais, como, por exemplo, a *poinsétia*, cujo nome científico é *Euphorbia pulcherrima*, conhecida popularmente como bico-de-papagaio, rabo-de-arara, flor-do--natal, cardeal, entre outros nomes populares que variam de acordo com a região. Pode-se ainda fazer uso de flores artificiais, criando belos enfeites, embora a liturgia recomende que se utilizem apenas flores naturais. Porém, em casa, cada um usa as flores de acordo com o seu gosto, seus costumes e suas possibilidades.

Árvore de Natal

Outro símbolo presente no Natal é o pinheiro, com o qual se prepara a árvore de Natal. Embora tenha mais a ver com a Europa, essa planta lembra a resistência, com folhas que nunca caem, que suportam bem as intempéries, enfim, como Cristo, sinal da força de vida que insiste em vencer os desafios e o poder da morte. As bolas coloridas usadas nas árvores de Natal lembram os frutos que devemos produzir, apesar das dificuldades. Fica mais significativo ainda quando as bolas ou outro objeto trazem inscritos os nomes de pastorais, movimentos e associações existentes na comunidade. É símbolo da alegria, da vitória, de um novo tempo em que as esperanças se tornam realidade. Há uma infinidade de modelos de árvores de Natal, mas o mais importante é o que ela representa, não importando como é confeccionada.

Bolas coloridas

As bolas coloridas já fazem parte do imaginário do Natal e estão presentes não apenas nas árvores, mas também em outros locais, lembrando que é tempo de festa e de alegria. Podemos dizer que elas são os frutos, os dons e as virtudes do bom cristão que enfeitam a árvore da vida. Suas cores são variadas e seus significados distintos, sendo que se pode atribuir a cada cor um sentido: bolas douradas simbolizam a realeza de Cristo; bolas vermelhas, o amor e o sangue a ser derramado na cruz; bolas azuis, o prêmio aos santos, que é o céu, bem como a figura de Maria, com seu manto azul protegendo o recém-nascido; bolas verdes, a esperança que esse Menino trouxe ao mundo; bolas prateadas, representam a glória. Antigamente se utilizavam bolas de vidro, que emblemavam a aparente fragilidade desse Menino que assume as fragilidades humanas.

Guirlanda

Se no tempo do Advento temos a coroa, no Natal temos a guirlanda. Trata-se de um ornamento circular que comumente se coloca nas portas para lembrar que naquela casa reina o espírito do Natal. Ao mesmo tempo através dela deseja-se dar boas-vindas aos visitantes que chegam para a ceia, ou para a celebração do Natal. Assim, a guirlanda tem diversos significados. Os mais supersticiosos creem que ela representa sorte; há os que dizem que também espelha a coroa de Cristo, e que as folhas, ou os ramos de pinheiro que circundam a coroa, retratam os espinhos; os frutos vermelhos, ou os ornamentos com flores dessa cor, lembram as gotas de sangue da coroa de Cristo. Porém, sua forma circular representa o movimento, os ciclos da vida.

Cantos alegres

O tempo do Natal é marcado por cantos alegres, como o clássico "Noite feliz", ou então por outros mais tradicionais, ainda em latim, como "Adeste Fideles", "Gloria in excelsis Deo", ou ainda o conhecidíssimo "Jingle Bells", "White Christmas", ou os gregorianos, que alimentam o espírito do Natal, como, por exemplo, "Kyrie VII", "Antífona para o *Magnificat* do Natal", entre outros. Nesta época, quanto mais tradicionais forem os cantos, mais espírito natalino eles transmitem.

Presentes

A figura dos magos levando ouro, incenso e mirra alude aos presentes que se trocam na noite do Natal, ou na festa da Epifania, como se faz em algumas regiões ou países. É muito comum colocar embaixo da árvore de Natal caixas ou embalagens que se referem aos presentes que se costuma trocar nesta ocasião. São símbolos muito usados pelo comércio, com o objetivo de aumentar as vendas nesta época, mas que também podem ser usados na festa cristã, lembrando que Cristo é o maior presente de Deus para a humanidade e que a nossa vida deve ser também um presente de Deus para nossos semelhantes.

Muitas luzes

Bem antes da chegada do Natal, as casas, ruas e praças já exibem as luzes natalinas, que piscam para lembrar que estamos num tempo especial, de luz e alegria, de festa. Cristo é a Luz da Luz, é a Luz do mundo, e toda luz deve lembrar a presença dessa Luz maior que chega com o Natal. Por essa razão, as luzes são sempre bem-vindas nesta época e aludem à luz de Cristo.

Ceia natalina

A ceia é uma festa, a comemoração do nascimento de Cristo que lembra também a sua última ceia com os discípulos. Jesus, pouco antes de ser crucificado, partilhou com os discípulos pão e vinho. A ceia natalina significa, entre outras coisas, uma forma de fazer memória dessa última ceia, trazendo presente a Páscoa junto com o Natal, ou conferindo um espírito pascal à festa do Natal. Além disso, ela significa confraternização familiar nesta noite santa. Nesta ceia há certos tipos de comida que não podem faltar e que variam dependendo da região e da tradição onde se celebra o Natal.

Leitura orante

Antes de entrarmos propriamente nos roteiros das celebrações, vamos olhar primeiro os passos propostos pela *lectio divina* e procurar realizar as celebrações seguindo esse método, pois ele nos ajuda a aprofundar os textos bíblicos propostos, de modo a tornar a celebração mais orante, mais fecunda, favorecendo não apenas a oração, mas também o fortalecimento da fé, da espiritualidade e do compromisso, pois estamos às vésperas de uma festa muito importante do nosso calendário litúrgico: o Natal, e ele não pode ser celebrado de qualquer jeito.

Além disso, esse tempo, por si só, já favorece o sentimento de amor e solidariedade, mas é um tempo que passa, e o amor e a solidariedade não podem passar. Portanto, vamos agora aprofundar isso de modo que esses sentimentos tão nobres não durem apenas algumas semanas, mas provoquem em cada um de nós uma verdadeira conversão, para amarmos e sermos solidários todos os dias do ano. Quem se prepara bem para o Natal, faz com que Cristo nasça no seu coração todos os dias. E quem tem Deus no coração, age de modo a transparecê-lo nas suas ações cotidianas. Sigamos o exemplo de Maria, Mãe de Deus, e nos coloquemos de modo orante diante dele.

Primeiro passo: leitura

– Tomar a Bíblia e ler lenta e atentamente o texto sugerido.
– Ler com a convicção de que é Deus que lhe está falando.

Segundo passo: meditação

– Momento de silêncio interior para lembrar o que foi lido.
– Mergulhar, de memória, no texto lido, numa espécie de memorização do texto.
– Refletir, ruminar, repetir as palavras mais significativas do texto.
– Verificar bem o sentido de cada frase.
– Alargar a visão ligando o texto a outros textos bíblicos que lhe vierem à memória.
– Aprofundar e aplicar a mensagem no hoje de sua vida.

Terceiro passo: oração

– Ler de novo, rezando o texto e respondendo a Deus.
– Conversar com Deus a partir do texto lido.

– Responder as interpelações que emergirem do texto e da reflexão.
– Ter uma atitude de perdão, adoração, louvor, agradecimento...

Quarto passo: contemplação

– Mergulhar no mistério de Deus: senti-lo presente, saborear sua presença e os sentimentos que essa presença desperta em você.
– Procurar ver a realidade deste sacramento com os olhos de Deus.
– Escolher uma frase como resumo para memorizar.
– Formular um compromisso de vida.

Quinto passo: avaliação

– Que palavra, versículo, imagem mais me tocaram?
– Quais sentimentos me afetaram mais intensamente durante este exercício?
– Quais os apelos ou impulsos mais urgentes?
– Quais as resistências mais sentidas durante este exercício?

Sexto passo: ação

– Que ação concreta posso fazer a partir desta oração?
– Quais desafios enfrentarei para colocar em prática essa ação?
– Com quem posso contar para aplicar essa ação em favor de outros?
– Quando posso começar a agir?
– Onde realizarei tais ações?

Se houver plenário, partilhe com os demais membros do grupo essa avaliação e tudo o que foi vivido durante todo o exercício e, juntos, busquem colocar em prática o gesto concreto, isto é, a ação que o grupo se propôs a fazer. Se escolheu fazer essa oração, ou celebração, sozinho, se esforce para colocar em prática o que rezou.

Esse método é uma espécie de "escada" que nos vai conduzindo ao contato com Deus, e quem entra em contato com ele faz uma experiência que muda radicalmente a sua vida e seu proceder. Portanto, dê um passo de cada vez e aprofunde-se em cada um deles, buscando extrair o que contém de mais rico para sua fé.

Vamos, a seguir, aos roteiros de celebrações. Busque celebrar com esse método e estará se preparando ainda melhor para o Natal do Senhor.

Roteiros de celebrações
para preparar o Natal de Jesus

Apresentamos a seguir roteiros de celebrações em preparação ao Natal. São celebrações indicadas para aquelas pessoas e comunidades que não têm muito tempo para acompanhar toda a novena deste tempo litúrgico, mas que gostariam de se preparar de alguma forma para celebrar bem o Natal.

Há roteiros para quatro celebrações, uma para cada semana do Advento, seguindo as leituras propostas pela liturgia desse tempo litúrgico. Essas celebrações poderão ser feitas com uma leitura orante dos textos bíblicos propostos, seguindo o método da *lectio divina*.

Há ainda uma celebração de Natal, também para ser feita com a leitura orante. Tanto o primeiro quanto o segundo roteiro podem ser adaptados de acordo com a realidade da comunidade, ou do grupo que irá celebrar. E há também um roteiro para quem deseja se preparar individualmente para o Natal.

O mais importante é que os roteiros sirvam para a preparação espiritual das pessoas, colocando-as no espírito do Natal.

Roteiro para celebração na primeira semana do Advento

Tema: "Com Maria, em Deus exultamos"

Ambiente e espaço da celebração

(Prepare bem o local onde será realizada a celebração. Coloque as cadeiras em círculo na sala, ou na capela, de modo que facilite a visualização de todos. É importante que todos se vejam e se sintam bem à vontade. Disponibilize no espaço os símbolos que serão usados na celebração. Dê destaque à Bíblia, ornamentada com algumas flores e velas. Providencie uma coroa do Advento e acenda uma vela a cada celebração. Se possível, coloque alguma música instrumental no ambiente, como fundo musical, pois isso favorece a oração. Ou, então, entoe algum mantra próprio do tempo de Advento.)

Materiais (objetos e símbolos)

(Bíblia, vela, flores, imagem de Nossa Senhora, roteiro da celebração, algum instrumento musical [exemplo: violão, ou outro a ser usado neste dia para acompanhar os cantos], CD com música instrumental e um aparelho de som para executá-la. Se não for possível distribuir o roteiro para todas as pessoas, providenciar ao menos as folhas com os cantos a serem cantados durante a celebração; é importante que todos tenham esse subsídio para poderem acompanhar a celebração.)

Acolhida

Dirigente: Queridos irmãos e irmãs, hoje estamos aqui reunidos para o primeiro dia da nossa celebração em preparação ao Natal do Senhor. Coloquemo-nos com Maria nessa caminhada rumo ao Natal e aprendamos com ela a dizer sim a Deus, mesmo quando as coisas que nos pede sejam incompreensíveis, pois ele tem seus mistérios na nossa vida. Queremos, assim, com esta celebração visualizar os sinais da presença de Deus no meio de nós, através de Maria, para que nos sintamos amparados e fortalecidos por Deus nesta caminhada rumo ao Natal. Para isso, vamos recorrer à Mãe de Jesus e nossa Mãe, para que ela interceda junto a Deus por nós, ajudando-nos a dizer sempre sim a ele. Com esta esperança, iniciemos nossa celebração com o sinal do Deus Trino: em nome do Pai e do Filho e do Espírito Santo. Cantemos invocando a companhia de Nossa Senhora.

Canto inicial (À escolha.)

36

Oração

Dirigente: Ó Deus, que escolhestes Maria para ser a Mãe do seu Filho Jesus, acolhei as orações e intenções desta celebração, para que possamos caminhar com Maria rumo à celebração do nascimento do vosso Filho Jesus, que conosco vive e reina. Amém.

Oferecimento

(Neste momento, é importante que, após a oração, o dirigente da celebração reserve algum tempo para que os presentes possam apresentar algumas intenções. Em seguida, deve motivar todos a rezarem a oração a seguir.)

Todos: Deus de bondade infinita, que sem cessar vos lembrais do vosso povo e o visitais pelos vossos mensageiros, conservai-nos vigilantes e despertos para o dia da vinda do vosso Filho. Ele que vive e reina por todos os séculos dos séculos. Amém.

Recordação da vida

(Estimule neste momento os presentes a recordarem algo que marcou a sua vida durante a semana, o mês ou ano que está terminando. Ou, então, que deem testemunho de algum acontecimento que lhes pareceu incompreensível, mas que depois, com o passar dos dias, se esclareceu como vontade de Deus. Dê tempo para que as pessoas possam se expressar.)

Momento de perdão

(Motive, agora, um momento de pedido de perdão, que poderá ser feito espontaneamente ou através de alguma dinâmica. Após cada pedido, todos respondem: "Senhor, tende piedade de nós".)

Oração

(Após os pedidos de perdão, conclua com a oração a seguir.)

Dirigente: Ó Deus, criador e redentor nosso, concedei a nós, vossos filhos, o perdão de todos os nossos pecados, para que obtenhamos, por essas nossas manifestações de arrependimento, a misericórdia que sempre desejamos. Por Cristo, nosso Senhor.

Todos: Amém.

Liturgia da Palavra

(Motive alguém a acender a primeira vela da coroa do Advento e a coloque ao lado da Bíblia, que deve estar sobre a mesa, adornada com flores, ou em qualquer outro local de destaque. O ideal é que a Bíblia fique aberta bem no centro, onde todos possam vê-la.)

Leitura (Isaías 2,1-5)

Leitura do Livro do profeta Isaías.

Visão de Isaías, filho de Amós, a respeito de Judá e Jerusalém. No fim dos tempos acontecerá que o monte da casa do

Senhor estará colocado à frente das montanhas, e dominará as colinas. Para aí acorrerão todas as gentes, e os povos virão em multidão: "Vinde", dirão eles, "vamos subir à montanha do Senhor, à casa do Deus de Jacó: ele nos ensinará seus caminhos, e nós trilharemos as suas veredas". Pois de Sião deve sair o ensinamento, e de Jerusalém vem a palavra do Senhor. Ele será o juiz das nações, o governador de muitos povos. De suas espadas forjarão relhas de arados, e de suas lanças, foices. Uma nação não levantará a espada contra outra, e não se arrastarão mais para a guerra. Casa de Jacó, vinde, vamos caminhar à luz do Senhor. **Palavra do Senhor.**
Todos: Graças a Deus.

Salmo 121(122)

(O salmo poderá ser proclamado ou cantado.)
Que alegria quando me disseram:
"Vamos à casa do Senhor!".

Que alegria quando ouvi que me disseram:
"Vamos à casa do Senhor!".
E agora nossos pés já se detêm,
Jerusalém, em tuas portas.

Para lá sobem as tribos de Israel,
as tribos do Senhor.
Para louvar, segundo a lei de Israel,
o nome do Senhor.

A sede da justiça lá está
e o trono de Davi.

Rogai que viva em paz Jerusalém
e em segurança os que te amam!
Que a paz habite dentro de teus muros,
tranquilidade em teus palácios!

Por amor a meus irmãos e meus amigos,
peço: "A paz esteja em ti".
Pelo amor que tenho à casa do Senhor,
eu te desejo todo bem!

Evangelho (Mateus 24,37-44)

(O Evangelho poderá ser proclamado pelo dirigente ou por alguém previamente escolhido.)

Dirigente: Proclamação do Evangelho de Jesus Cristo segundo Mateus.

Todos: Glória a vós, Senhor.

Naquele tempo, Jesus disse aos seus discípulos: "A vinda do Filho do homem será como no tempo de Noé. Pois, nos dias antes do dilúvio, todos comiam e bebiam, casavam-se e davam-se em casamento, até o dia em que Noé entrou na arca. E eles nada perceberam até que veio o dilúvio e arrastou a todos. Assim acontecerá também na vinda do Filho do homem. Dois homens estarão trabalhando no campo: um será levado e o outro será deixado. Duas mulheres estarão

moendo no moinho: uma será levada e a outra será deixada. Portanto, ficai atentos, porque não sabeis em que dia virá o Senhor. Compreendei bem isto: se o dono da casa soubesse a que horas viria o ladrão, certamente vigiaria e não deixaria que a sua casa fosse arrombada. Por isso, também vós ficai preparados! Porque, na hora em que menos pensais, o Filho do homem virá". **Palavra da salvação.**
Todos: Glória a vós, Senhor.

Reflexão e partilha

(Após a proclamação do Evangelho, motive um momento de reflexão e partilha sobre as leituras, relacionando-as com a realidade. As reflexões poderão ser conduzidas a partir dos questionamentos a seguir indicados ou espontaneamente, conforme o dirigente desejar.)

Pistas para reflexão

– O que mais chamou a atenção nas leituras?

– Que mensagem podemos tirar delas para a nossa vida?

– Quais sinais Deus quer nos revelar com tais leituras?

Reflexão

(Depois que os participantes falarem, quem dirige a celebração poderá ler a reflexão a seguir ou dizer algo espontaneamente, com base nestas ou em outras indicações.)

Numa linguagem figurada, Isaías fala do "monte da casa do Senhor". Ele estará firmemente estabelecido no topo da montanha, como símbolo de poder, visibilidade e estabilidade, enfim, de segurança. Diante de um mundo com tanta insegurança e medo, receber o anúncio de um tempo e de um lugar de segurança e paz é o que todos desejam. Será isso possível? É o próprio Isaías quem dá a receita. Basta que os instrumentos que provocam a morte sejam transformados em instrumento de trabalho, em algo que favoreça a vida. É isso que ele propõe ao dizer "transformar suas espadas em arados e suas lanças em foices".

Como podemos atualizar esta proposta de Isaías? Transformando as armas de guerra em instrumentos que defendam a vida; transformando nossas práticas perversas e maldosas em algo que ajude o nosso próximo.

O Evangelho fala da chegada desse tempo numa hora e num momento inesperados. Isso não é algo a ser levado ao pé da letra, mas deve servir para mostrar que não há data nem hora marcadas para a vinda do Reino. Este acontece aos poucos, de acordo com o nosso proceder, no cotidiano da nossa vida.

Assim sendo, Mateus mostra a vinda do Filho do homem fazendo comparação com um episódio narrado no livro do Gênesis, o tempo de Noé. Essa comparação simbólica é para nos alertar sobre a necessidade de estarmos vigilantes, atentos nos afazeres da vida; não deixarmos que as preocupações diárias nos impeçam de cuidar da vida e das coisas de Deus.

Dessa forma, a liturgia de hoje, mais especificamente o Evangelho, nos chama a atenção para a vigilância e, consequentemente, para a preparação.

Vamos nos preparar adequadamente para o Natal do Senhor. Que esta grandiosa celebração não seja apenas algo passageiro em nossa vida ou na nossa liturgia, mas o marco de um tempo de mudança na nossa vida e no nosso mundo. Isso é possível, basta que haja empenho, dedicação, atenção e vigilância. Tudo isso deve levar ao serviço ao próximo, à prática do amor e da caridade para com todos, principalmente aos mais necessitados.

Com tudo o que foi observado nestas leituras, devemos lembrar que estamos iniciando um novo tempo. Esse novo tempo está simbolizado não apenas no novo ano e tempo litúrgico, mas, sobretudo, nesse tempo de preparação e memória da vinda do Senhor, para a qual preparamos nossa vida e nosso coração. Esse tempo novo sonhado pelo profeta Isaías, e, sobretudo, por Jesus, só será possível se fizermos essa preparação, conforme sugere as leituras que vimos. Para isso, coloquemo-nos diante de Deus como fez Maria e deixemos que ele faça em nós a sua vontade.

Preces

(Após a reflexão, motive as pessoas a fazerem seus pedidos a Deus. Se desejar, use alguma dinâmica para ilustrar esse momento.)

Sugestão de dinâmica para motivar os pedidos

Prepare uma vasilha com brasas e um pouco de grãos de incenso. Coloque-a em algum lugar bem visível. Pode ser sobre a mesa, ao lado da Bíblia ou junto à imagem de Nossa Senhora. Incentive as pessoas que desejarem fazer algum pedido a se aproximarem, uma a uma, colocarem o grão de incenso na vasilha e fazerem (em voz alta ou em silêncio, se preferir) o seu pedido. Após cada pedido, todos respondem: "Senhor, escutai a nossa prece". Pode-se concluir o momento das preces com algum canto ou oração espontânea.

Pai-Nosso e Ave-Maria

(O Pai-Nosso poderá ser rezado de mãos dadas, simbolizando a união da família ou da comunidade, que se prepara para o Natal. Se preferir, e houver tempo, pode-se rezar em seguida uma dezena do terço.)

Abraço de solidariedade e paz

(Reze a oração pela paz e motive um momento de abraço afetuoso entre os presentes. Evite cantar durante o abraço da paz; deve-se expressar afeto e acolhida.)

Ritos finais

Gesto concreto

(Motive os presentes a um gesto concreto em preparação espiritual para o Natal. A sugestão é que cada um procure ler e rezar um texto bíblico que lhe dê esperança e, depois, que partilhe a reflexão com as outras pessoas.)

Comunicados

- Marque dia, horário e local da segunda celebração.
- Sugira que cada um convide uma ou mais pessoas para a próxima celebração.
- Caso a celebração tenha sido realizada na casa de alguém, agradeça a família pela acolhida e pela presença.
- Dê outros avisos necessários.

Canto final (À escolha.)

Bênção final

Dirigente: O Senhor esteja conosco.

Todos: Ele está no meio de nós.

Dirigente: Por intercessão de Nossa Senhora, a bênção de Deus todo-poderoso, Pai, Filho e Espírito Santo, desça sobre nós e permaneça para sempre.

Todos: Amém.

Dirigente: Vamos em paz e que o Senhor nos acompanhe.

Todos: Graças a Deus.

Roteiro para celebração na segunda semana do Advento

Tema: "Com Maria, preparamos a chegada do Senhor"

Ambiente e espaço da celebração

(Quem organiza a celebração deve chegar mais cedo ao local e preparar o espaço disponibilizando adequadamente, conforme pede a celebração, os símbolos e demais materiais que serão usados. Como no primeiro dia, coloque as cadeiras em círculo ou em volta da mesa, dependendo do número de participantes. Ao centro, devem ficar os símbolos que serão utilizados: a Bíblia, adornada com algumas flores naturais, a coroa do Advento com a segunda vela – a vela do primeiro encontro deve estar previamente acesa –, que deve ser acesa no momento oportuno, e outros objetos de acordo com o tema da celebração, como, por exemplo, sandálias e cajado representando a missão, pedras representando os obstáculos a serem vencidos, além de outros artigos que lembrem alguma atividade missionária e seus desafios.)

Acolhida

(Quem dirige a celebração deve buscar criar um ambiente descontraído, mas ao mesmo tempo com clima de oração. Acolha fraternalmente as pessoas que chegam. Deixe o ambiente na penumbra, com um fundo musical orante, possibilitando que as pessoas entrem no clima de oração. Depois que todos estiveram devidamente concentrados, e em silêncio, dê início à celebração conforme indicação a seguir.)

Dirigente: Em nome do Pai, do Filho e do Espírito Santo.

Todos: Amém.

Dirigente: Irmãos, irmãs, bem-vindos a nossa segunda celebração em preparação para o Natal do Senhor. Hoje, com Maria, ajudaremos a preparar os caminhos do Senhor e a sua chegada entre nós. Queremos nos colocar diante de Deus para que ele faça em nós a sua vontade e que, a exemplo de Maria e de João Batista, precursores da chegada de seu Filho Jesus, façamos também a nossa parte. Com a certeza de Maria, pedimos, cantando...

Canto inicial (À escolha.)

Oração

Dirigente: Ó Deus, que escolhestes Maria para ser a Mãe do vosso Filho, e João Batista para preparar os vossos caminhos, ajudai-nos a sermos também pessoas que preparam vossos caminhos através do amor e da solidariedade com aqueles que se desviam do seu projeto de amor. Por nosso Senhor Jesus Cristo, vosso Filho, na unidade do Espírito Santo.

Todos: Amém.

Oferecimento

(Motive as pessoas presentes a oferecerem espontaneamente essa celebração para alguma pessoa ou situação. Após serem apresentadas as intenções, concluir o oferecimento com as palavras a seguir ou outras similares.)

Dirigente: Deus eterno e todo-poderoso, pela vossa encarnação, oferecemos este segundo dia da nossa celebração a todos aqueles que lutam incansavelmente para ver seu Reino acontecer neste mundo. Acolhei os nossos oferecimentos, por Cristo, nosso Senhor!

Todos: Amém!

Recordação da vida

(Peça que os presentes dirijam o olhar para os objetos expostos no centro do ambiente da celebração e os contemplem, em silêncio, por alguns instantes. Em seguida, motive a que cada um se lembre de algum acontecimento que tenha vontade de recordar neste momento. Enquanto é feita a recordação da vida, pode-se colocar um fundo musical bem suave, criando um ambiente de oração e meditação. Depois da recordação da vida, conclua esse momento com um canto apropriado.)

Momento de perdão

(Sugestão de dinâmica: Coloque sobre a mesa, ou ao centro da sala, uma vasilha onde se possa queimar papel. Em seguida, distribua pequenos pedaços de papéis em branco e caneta a todos os participantes. Motive que cada um escreva algo que queira pedir perdão a Deus. A seguir, um a um, espontaneamente, acende na vela da coroa do Advento o papel com o pedido de perdão e o coloca na vasilha. Enquanto isso, a pessoa pode manifestar em alta voz, ou em silêncio, o seu pedido de perdão. Depois que todos se manifestarem, canta-se: "Piedade, piedade, piedade de nós" (bis). Em seguida, reza-se a oração seguinte.)

Oração

(Convide todos os presentes a estenderem a mão em direção à vasilha onde os papéis estão sendo queimados e a rezarem juntos a seguinte oração.)

Todos: Deus de infinita misericórdia, que perdoa as nossas fraquezas, acolhei os nossos clamores de perdão e concedei que sejamos pessoas puras de coração, a fim de que possamos preparar-nos bem para a celebração da vinda do vosso Filho entre nós. Por Cristo, nosso Senhor. Amém.

Liturgia da Palavra

(Antes da proclamação da Palavra, peça que alguém acenda a segunda vela da coroa do Advento. Enquanto isso, pode-se motivar o grupo a cantar o canto de acolhida da Palavra, ou algum outro que fale de luz.)

Leitura (Isaías 11,1-10)

Leitura do Livro do profeta Isaías.

Um broto sairá do tronco seco de Jessé, e um ramo brotará de suas raízes. Sobre ele repousará o Espírito do Senhor, Espírito de sabedoria e de entendimento, Espírito de prudência e de coragem, Espírito de ciência e de temor ao Senhor. (Sua alegria se encontrará no temor ao Senhor.) Ele não julgará pelas aparências, e não decidirá pelo que ouvir dizer; mas julgará os fracos com equidade, fará justiça aos pobres da terra, ferirá o homem impetuoso com uma sentença de sua boca, e com o sopro dos seus lábios fará morrer o ímpio. A justiça será como o cinto de seus rins, e a lealdade circundará seus flancos. Então o lobo será hóspede do cordeiro, a pantera se deitará ao pé do cabrito, o touro e o leão comerão juntos, e um menino pequeno os conduzirá; a vaca e o urso se fraternizarão, suas crias repousarão juntas, e o leão comerá palha com o boi. A criança de peito brincará junto à toca da víbora, e o menino desmamado meterá a mão na caverna da áspide. Não se fará mal nem dano em todo o meu santo monte, porque a terra estará cheia de ciência do Senhor, assim como as águas recobrem o fundo do mar. Naquele tempo, o rebento de Jessé, posto como estandarte para os povos, será procurado pelas nações e gloriosa será a sua morada. **Palavra do Senhor.**

Todos: Graças a Deus.

Salmo 71(72)

(O salmo pode ser cantado ou recitado pausadamente, de modo que as pessoas ouçam e sintam cada palavra.)

Nos seus dias a justiça florirá.

Dai ao rei vossos poderes, Senhor Deus,
vossa justiça ao descendente da realeza!
Com justiça ele governe o vosso povo,
com equidade ele julgue os vossos pobres.

Nos seus dias a justiça florirá
e grande paz, até que a lua perca o brilho!
De mar a mar estenderá o seu domínio,
e desde o rio até os confins de toda a terra!

Libertará o indigente que suplica,
e o pobre ao qual ninguém quer ajudar.
Terá pena do indigente e do infeliz,
e a vida dos humildes salvará.

Seja bendito o seu nome para sempre!
E que dure como o sol sua memória!
Todos os povos serão nele abençoados,
todas as gentes cantarão o seu louvor!

Evangelho (Mateus 3,1-12)

Dirigente: O Senhor esteja convosco.

Todos: Ele está no meio de nós.

Dirigente: Proclamação do Evangelho de Jesus Cristo segundo Mateus.

Todos: Glória a vós, Senhor.

Naqueles dias, apresentou-se João Batista, pregando no deserto da Judeia. Dizia ele: "Fazei penitência porque está próximo o Reino dos céus". Este é aquele de quem falou o profeta Isaías, quando disse: "Uma voz clama no deserto: Preparai o caminho do Senhor, endireitai as suas veredas". João usava uma vestimenta de pelos de camelo e um cinto de couro em volta dos rins. Alimentava-se de gafanhotos e mel silvestre. Pessoas de Jerusalém, de toda a Judeia e de toda a circunvizinhança do Jordão vinham a ele. Confessavam seus pecados e eram batizados por ele nas águas do Jordão. Ao ver, porém, que muitos dos fariseus e dos saduceus vinham ao seu batismo, disse-lhes: "Raça de víboras, quem vos ensinou a fugir da cólera vindoura? Dai, pois, frutos de verdadeira penitência. Não digais dentro de vós: Nós temos a Abraão por pai! Pois eu vos digo: Deus é poderoso para suscitar destas pedras filhos a Abraão. O machado já está posto à raiz das árvores: toda árvore que não produzir bons frutos será cortada e lançada ao fogo. Eu vos batizo com água, em sinal de penitência, mas aquele que virá depois de mim é mais poderoso do que eu e nem sou digno de carregar seus calçados. Ele vos batizará no Espírito Santo e em fogo. Tem na mão a pá, limpará sua eira e recolherá o trigo ao celeiro. As palhas, porém, queimá-las-á num fogo inextinguível". **Palavra do Senhor.**

Todos: Graças a Deus.

Reflexão e partilha

(Após a proclamação das leituras, pode ser motivado um momento de silêncio e interiorização da Palavra. Em seguida, estimule a leitura orante dos textos, pedindo que cada um repita uma frase do Evangelho proclamado. Depois, motive a reflexão e partilha com algumas perguntas.)

Pistas para reflexão

— O que mais lhe chamou a atenção nas leituras?

— O que você gostaria que tivesse um fim no mundo de hoje e o que desejaria ver acontecendo?

— O que precisamos fazer para que o Natal de fato aconteça na nossa vida e no nosso mundo?

Reflexão

(Depois que as pessoas falarem, quem dirige a celebração poderá ler a reflexão abaixo, ou fazer espontaneamente a sua reflexão com base nestas ou em outras indicações.)

As leituras desta segunda celebração em preparação para o Natal com Maria nos fazem um apelo a prepararmos a chegada do Senhor, preparando seus caminhos. Preparar os seus caminhos consiste em endireitá-los, ou seja, eliminar tudo aquilo que representa obstáculos. Foi esse o clamor do profeta Isaías na sua profecia, ao anunciar João Batista, o precursor de Jesus: "Esta é a voz que clama no deserto: preparai o caminho do Senhor, endireitai suas veredas".

Sabemos que são muitos obstáculos, porém, a primeira atitude a ser tomada para a execução desse árduo trabalho vem de dentro de cada um: a conversão. Sem conversão não é possível fazer nenhuma mudança. Quem está satisfeito, ou conformado com a situação, é porque não deseja mudar. Essa conversão deve acontecer não apenas no sentido pessoal, individual, mas também no sentido de modificação das estruturas, e isso exige comprometimento.

Na primeira leitura, o profeta Isaías se limita a dar a boa notícia daquele dia tão sonhado. O dia em que de um tronco, aparentemente seco, surgirá um broto. Esse broto se transformará numa árvore exuberante porque nele está o "espírito do Senhor".

Que tronco e broto são esses? É uma referência direta ao descendente de Davi, Jesus, que nascerá num lugar insignificante, de onde ninguém esperava nada. No entanto, Jesus iria promover grandes mudanças por ter atitudes inusitadas, que romperiam com costumes excludentes, como, por exemplo, o de não julgar as pessoas ou situações pela aparência ou por ouvir dizer; ele mexeria com a terra somente pela força da sua palavra, destruindo os males e suas causas. Suas ações serão justas porque ele estaria revestido de justiça. E essas ações provocariam grandes transformações, trazendo a paz, a concórdia e a harmonia entre todos. Seria o fim do dano e da morte.

Para que isso de fato venha a ser realidade, o Evangelho que ouvimos apresenta a figura de João Batista. Com sua atitude radical e enérgica, ele rompe o sistema vigente. Vai para o deserto, se veste e se alimenta de modo despojado e prega um batismo de conversão. Quem recebia o batismo de João, assumia mudar de vida, ter outras atitudes, ver o mundo com um novo olhar.

Porém, não bastava ser batizado, era preciso, antes, converter-se. É o que ele dizia aos fariseus e saduceus que vinham receber o batismo sem se converterem. O batismo não é um mero ritual, mágico, de aparência. É preciso uma mudança interior. E essa mudança deve ser comprovada através de ações. Mostrar os frutos desta conversão se faz necessário. Quem não mostra frutos coerentes com a conversão, não merece receber o batismo.

É hora, portanto, de fazer um profundo exame de consciência e de começar as mudanças através da confissão. Uma confissão que seja resultado do arrependimento pelos erros cometidos e do propósito de mudança. Procure nestes dias o padre de sua paróquia e se confesse. Prepare-se para o Natal do Senhor purificando seu coração. Com um coração limpo de pecados e com o propósito de ser melhor, de não repetir mais os erros, o Natal começa a acontecer, de fato. Então, aquele mundo anunciado por Isaías começa a deixar de ser apenas um sonho para se tornar realidade. Se a humanidade se convertesse para o bem, não haveria tanta violência e desrespeito à vida.

Preces

(Faça uma breve introdução a este momento de preces motivando os participantes e, em seguida, oriente para que, cada um que desejar, faça uma prece, um pedido a Deus, espontaneamente. Por fim, conclua as preces com a oração abaixo ou outra que desejar.)

Dirigente: Deus Pai, rico em misericórdia, acolhei estas preces que brotam de nossos corações, e dai-nos a graça de continuar nossa preparação para o Natal, sempre confiando na vossa presença entre nós. Por Cristo, nosso Senhor.

Todos: Amém.

Pai-Nosso e Ave-Maria

(Peça que os presentes se deem as mãos, formando um círculo, e juntos rezem o Pai-Nosso e três Ave-Marias.)

Abraço de solidariedade e paz

(Em seguida, motiva-se um caloroso abraço da paz. Dê tempo para que as pessoas manifestem seus sentimentos de fraternidade.)

Ritos finais

(Motive os presentes a que tenham em casa algum tempo de oração com Maria, a partir de momentos de meditação e reflexão individual, ou em família, e peça que anotem os principais sentimentos que surgirem durante a contemplação e oração e tragam para partilhar na próxima celebração.)

Comunicados

– Combine a data e local da próxima celebração.
– Peça que, para o terceiro dia de celebração, cada um traga uma flor.
– Dê outros avisos necessários.

Canto final (À escolha.)

Bênção final

Dirigente: O Senhor esteja convosco.

Todos: Ele está no meio de nós.

Dirigente: O Deus de amor e misericórdia, por intercessão de Maria, nossa Mãe, nos dê a vossa bênção, e que na vossa bondade possamos crescer sempre mais no amor e na fé.

Todos: Amém.

Dirigente: Deus nos conceda preparar adequadamente vossos caminhos, preparando o nosso coração.

Todos: Amém.

Dirigente: E que todos nós, crendo que o Verbo se fez carne e habitou entre nós, vivamos eternamente com ele.

Todos: Amém.

Dirigente: Abençoe-nos Deus todo-poderoso, Pai e Filho e Espírito Santo.

Todos: Amém.

Dirigente: Ide em paz e que o Senhor vos acompanhe.

Todos: Graças a Deus.

Roteiro para celebração na terceira semana do Advento

Tema: "Com Maria, alegramo-nos: o Natal se aproxima"

Ambiente e espaço da celebração

(Se possível, acomodar todos em círculo. No centro, colocar uma pequena mesa ou uma toalha colorida estendida no chão e, sobre ela, a coroa do Advento com as duas primeiras velas já acesas; Bíblia aberta; flores; uma jarra vazia para que os participantes depositem as flores que foram pedidas na celebração anterior. Pôr também alguns símbolos que identifiquem a alegria desta terceira semana do tempo do Advento, como, por exemplo, a imagem de Nossa Senhora [Imaculada Conceição ou outra imagem de Nossa Senhora grávida]; fitas nas cores do continente [verde, amarela, vermelha, azul e branca]; fotos de pessoas da comunidade desenvolvendo trabalhos pastorais, ou recortes de revistas com fotos de pessoas na missão etc. Coloque também uma bacia e uma jarra com água e toalha; um pão grande. Seria importante criar um ambiente de oração, com um fundo musical ou alguns mantras ou jaculatórias de Nossa Senhora. Motivar momentos de silêncio e interiorização antes de dar início à celebração.)

Acolhida

(Quem coordena a celebração faz uma acolhida fraterna espontânea a todos, motivando para a importância desse terceiro dia de celebração em preparação ao Natal. Destacar os motivos e o tema da celebração, com ênfase na alegria.)

Canto inicial (À escolha.)

Sinal da cruz

(Após a motivação de quem dirige a celebração, cada um traça o sinal da cruz na fronte da pessoa que estiver a seu lado e lhe dá um abraço de boas-vindas.)

Ato penitencial

(Motivação para um momento de revisão de vida e pedido de perdão, que poderá ser feito da forma seguinte: colocar previamente uma jarra com água, uma bacia e uma toalha ao centro, junto com os símbolos. Depois de uma breve motivação, de duas em duas, as pessoas, espontaneamente, poderão aproximar-se e, uma por vez, derramar água e lavar a mão uma da outra, no sentido de simbolizar ajuda mútua, humildade e perdão. A cada três que fizerem esse gesto, cantar: "Piedade, piedade, piedade de nós...", ou outra reflexão que a comunidade escolher. Após esse ritual, encerrar o ato com uma oração coletiva de pedido de perdão.)

Momento de louvor

(Depois de breve motivação, conceder algum tempo para que as pessoas manifestem os motivos pelos quais gostariam de louvar a Deus. Quem coordena poderá motivar esse momento pedindo que cada um, de forma breve, lembre e expresse um motivo, na sua vida ou na vida da comunidade, pelo qual gostaria de louvar a Deus. Enquanto a pessoa expressa o seu motivo de louvor, ela retira uma flor do vaso e a coloca aos pés de Nossa Senhora. Para encorajar os demais, quem coordena pode expressar primeiro o seu motivo de louvor e depois os demais. Após esse pronunciamento do grupo, poderá ser cantado um hino de louvor.)

Oração

(Após esses ritos iniciais, poderá ser feita uma oração conclusiva, que pode ser a oração do dia [da coleta] ou outra oração, como, por exemplo, uma oração de Nossa Senhora.)

Dirigente: Ó Deus de bondade, que vedes o vosso povo esperando fervoroso o Natal do Senhor, dai-nos chegar às alegrias da salvação e celebrá-las sempre com intenso júbilo na solene liturgia. Por nosso Senhor Jesus Cristo, vosso Filho, na unidade do Espírito Santo.

Todos: Amém.

Liturgia da Palavra

(Poderão ser lidos textos bíblicos do terceiro domingo do Advento, do ano litúrgico vigente ou de outros anos litúrgicos. Antes da proclamação das leituras, passar a Bíblia de mão em mão, enquanto se canta um canto sobre a Bíblia à escolha.)

Leitura (Isaías 35,1-6.10)

(Sugestão: A pessoa que for ler, poderá fazê-lo caminhando entre o grupo, dando ênfase à interpretação.)

Leitura do Livro do profeta Isaías.

Alegre-se o deserto e a terra árida. A estepe vai alegrar-se e florir. Como o lírio ela florirá, exultará de júbilo e gritará de alegria. A glória do Líbano lhe será dada, o esplendor do Carmelo e de Saron; será vista a glória do Senhor e a magnificência do nosso Deus. Fortificai as mãos desfalecidas, robustecei os joelhos vacilantes. Dizei àqueles que têm o coração perturbado: "Tomai ânimo, não temais! Eis o vosso Deus! Ele vem executar a vingança. Eis que chega a retribuição de Deus: ele mesmo vem salvar-vos". Então se abrirão os olhos do cego. E se desimpedirão os ouvidos dos surdos; então o coxo saltará como um cervo, e a língua do mudo dará gritos alegres. Porque águas jorrarão no deserto e torrentes, na estepe [...] por ali voltarão aqueles que o Senhor tiver libertado. Eles chegarão a Sião com cânticos de triunfo, e uma alegria eterna coroará sua cabeça; a alegria e o gozo possuí-los--ão; a tristeza e os queixumes fugirão. **Palavra do Senhor.**

Todos: Graças a Deus.

Salmo 145(146)

(O salmo poderá ser cantado ou recitado como uma poesia, sempre em pé e com boa entonação. Se for cantado, que tenha um refrão que todos possam responder.)

Vinde, Senhor, para salvar o vosso povo.

O Senhor é fiel para sempre,
faz justiça aos que são oprimidos;
ele dá alimento aos famintos,
é o Senhor quem liberta os cativos.

O senhor abre os olhos aos cegos,
o Senhor faz erguer-se o caído,
o Senhor ama aquele que é justo,
é o Senhor que protege o estrangeiro.

Ele ampara a viúva e o órfão,
mas confunde os caminhos dos maus.
O Senhor reinará para sempre!
Ó Sião, o teu Deus reinará.

Evangelho (Mateus 11,2-11)

(Deverá ser proclamado em pé, com uma entusiástica aclamação antes.)

Dirigente: O Senhor esteja conosco.
Todos: Ele está no meio de nós.

Dirigente: Proclamação do Evangelho de Jesus Cristo segundo Mateus.

Todos: Glória a vós, Senhor.

Tendo João, em sua prisão, ouvido falar das obras de Cristo, mandou-lhe dizer pelos seus discípulos: "Sois vós aquele que deve vir, ou devemos esperar por outro?" Respondeu-lhes Jesus: "Ide e contai a João o que ouvistes e o que vistes: os cegos veem, os coxos andam, os leprosos são limpos, os surdos ouvem, os mortos ressuscitam, o Evangelho é anunciado aos pobres... Bem-aventurado aquele para quem eu não for ocasião de queda!" Tendo eles partido, disse Jesus à multidão a respeito de João: "Que fostes ver no deserto? Um caniço agitado pelo vento? Que fostes ver, então? Um homem vestido com roupas luxuosas? Mas os que estão revestidos de tais roupas vivem nos palácios dos reis. Então por que fostes para lá? Para ver um profeta? Sim, digo-vos eu, mais que um profeta. É dele que está escrito: 'Eis que eu envio meu mensageiro diante de ti para te preparar o caminho'. Em verdade vos digo: entre os filhos das mulheres, não surgiu outro maior que João Batista. No entanto, o menor no Reino dos céus é maior do que ele". **Palavra do Senhor.**

Todos: Graças a Deus.

Reflexão e partilha da Palavra

(A reflexão e partilha da Palavra poderão ser feitas em mutirão. Cada um comenta o que mais lhe tocou na Palavra, fazendo uma ligação com o dia da alegria que está sendo celebrado neste terceiro dia e com a vida da comunidade. Atentar para que as pessoas não se alonguem nas reflexões e partilhas. Depois da partilha, quem coordena poderá ler a reflexão abaixo, ou dizer espontaneamente algumas palavras sobre as leituras proclamadas.)

Reflexão

Esta terceira celebração em preparação para o Natal traz como tema a alegria, porque o terceiro domingo do Advento é também chamado de domingo da alegria, em razão de nos convidar a perceber quais são os sinais de alegria que temos a nossa volta, na nossa realidade, nesta caminhada até o Natal do Senhor. Quem nos ajuda a descobrir estes sinais são dois importantes profetas, Isaías e João Batista, e o próprio Jesus.

Encontrar estes sinais é como achar um oásis no deserto, ou seja, é motivo de júbilo. Uma alegria discreta, que vai crescendo até explodir em manifestações de contentamento sem limites. As razões disso tudo? Os textos de hoje nos apontam essas razões. Porém, temos que interpretá-las de acordo com a nossa realidade, hoje.

Isaías, na primeira leitura, fala das transformações do mundo com a vinda do Salvador. É, em primeiro lugar, uma mudança de pessoas, de sentimentos e atitudes pessoais que possibilitará a modificação do mundo: mãos e joelhos enfraquecidos ganharam força, se firmarão. Isso mostra o fim da dependência, da submissão, da escravidão. As pessoas poderão caminhar com as próprias pernas e construir com as próprias mãos. É o símbolo da liberdade. As pessoas deprimidas criarão ânimo, perderão o medo. Tudo aquilo que deprime e amedronta terá um fim. O que, então, hoje mais deprime e amedronta as pessoas? Os olhos dos cegos abrirão, os surdos ouvirão, os coxos andarão e os mudos falarão.

Quais são as coisas que, hoje, tornam as pessoas cegas e as impedem de ver com os próprios olhos? Podemos fazer uma lista enorme. A mesma coisa se pode dizer dos surdos, dos aleijados e dos mudos. São muitas as coisas que ensurdecem as pessoas, as paralisam e as deixam mudas, basta observar a política, a educação, os meios de comunicação tendenciosos, veiculadores de ideologias dominantes que fazem as pessoas agirem como os outros querem. Quanta libertação, quanta vida o texto de Isaías promete.

A mesma coisa promete o Evangelho, porém, num contexto distinto. São, portanto, muitos os motivos de alegria anunciados neste terceiro domingo. A chegada do Senhor promete grandes transformações. É, portanto, uma espera ativa. Embora o agricultor não tenha como abreviar o tempo de crescimento da semente, ele precisa cultivá-la para que ela dê frutos. O mesmo ocorre com a vinda do Senhor e de seu Reino. Ao querermos esse mundo anunciado por Isaías, João Batista e Jesus, é preciso esperar ativamente, fazendo as coisas acontecerem a partir do nosso compromisso. O texto do Evangelho apresenta João na prisão. A prisão de João nada mais é que uma consequência da sua missão. Preparar a chegada de Jesus custou-lhe muito, inclusive a própria liberdade. Mas nem por isso ele desistiu. Quem confia não desiste diante dos obstáculos, mas segue em frente e não sossega enquanto não vê seu sonho se tornar realidade. Nos textos da celebração de hoje, a maior alegria de João Batista é ver seu sonho se concretizar, seu trabalho dar fruto: o Messias esperado chegou. Ele quer ter a certeza disso e envia discípulos para averiguar, para perguntar se ele era mesmo o Messias aguardado por todos.

E o que os discípulos de João encontram: provas concretas da presença do Messias. Não por teoria, mas pelas obras que estavam sendo realizadas. Jesus pede que os discípulos voltem e digam a João o que viram e ouviram: cegos recuperam a visão, paralíticos andam sem dificuldades, leprosos são curados, surdos escutam, mortos ressuscitam e os pobres são evangelizados, isto é, tratados com dignidade, com respeito, sendo incluídos na sociedade. Não há dúvidas: é o Messias.

Quando eles voltam, Jesus se encarrega de exaltar a figura de João Batista, destacando suas qualidades, sua força e perseverança em anunciar esse tempo novo. João é engrandecido por Jesus, e este completa que no Reino dos céus todos serão muito importantes. O menor será maior que João.

Temos, assim, na pessoa de João Batista, o resumo das alegrias anunciadas no terceiro domingo do Advento: a primeira delas é a de ser reconhecido por Jesus. É muito bom quando nosso trabalho, nossos esforços são reconhecidos. Ainda mais quando esse reconhecimento vem de Deus. É uma grande alegria. A segunda alegria consiste em ter vencido a batalha e não se ter deixado levar pelas críticas, pelos obstáculos e acusações. E a terceira é o fato de ver a missão cumprida. O mestre anunciado chegara.

Que a celebração de hoje, tendo Maria como modelo, nos faça ver os sinais de esperança, nos ajude a ter firmeza e perseverança e a continuar o caminho rumo ao Natal do Senhor.

Preces

(Quem coordena pode motivar o grupo a fazer seus pedidos de modo espontâneo. Após cada três pedidos, poder-se-á cantar a resposta: "Ouvi nossa prece, Senhor".)

Momento das oferendas

(Quem coordena pode motivar que cada um lembre e ofereça, de forma simbólica, a Deus, algo que é importante na sua vida. Após alguns falarem, poderá ser cantado um canto que fale de oferta. Concluir com uma oração.)

Pai-Nosso

(A oração do Pai-Nosso poderá ser feita conforme a versão que sugerimos a seguir.)

Dirigente: Pai nosso, que estais no céu...

Todos: O Senhor é grande, mas gosta dos pequeninos.

Dirigente: Santificado seja o vosso nome!

Todos: Que a nossa vida seja glória para vós.

Dirigente: Venha a nós o vosso Reino...

Todos: Onde não existam mais crianças trabalhando como adultos, onde ninguém mais morra de fome nem viva abandonado pelas ruas, onde não haja guerras nem violências... onde todo mundo brinque feito criança; onde a festa, um dia, nunca mais vai acabar!

Dirigente: Seja feita a vossa vontade, assim na terra como no céu.

Todos: Todos vão viver o lindo mandamento de Jesus: "Amai-vos uns aos outros, como eu vos amei". E a terra vai virar um céu.

Dirigente: O pão nosso de cada dia nos dai hoje.

Todos: Que o povo seja irmão e um não tome o pão do outro.

Dirigente: Perdoai as nossas ofensas, assim como nós perdoamos a quem nos tem ofendido.

Todos: Todos vão perdoar uns aos outros. E um não ficará inimigo do outro nem se vingará, porque isso desune e enfraquece. Todos temos falhas.

Dirigente: E não nos deixeis cair em tentação, mas livrai-nos do mal.

Todos: De só pensarmos em nós mesmos, de desejarmos ser mais do que os outros, de querermos mais do que os outros, de nos deixarmos influenciar pelo consumismo, pela televisão, de termos medo de lutar pelos direitos de todos, de não querermos repartir, de não sabermos viver feito irmãos, filhos do mesmo Pai. Amém.

Momento de comunhão

(Por se tratar de uma celebração da Palavra, poderá ser feita a comunhão em espécie com hóstia consagrada ou, então, uma comunhão simbólica com pão partilhado entre todos. Enquanto isso se canta um canto que fale de comunhão.)

Momento de agradecimento

(Quem coordena a celebração motiva os participantes a expressarem motivos pelos quais gostariam de agradecer a Deus.)

Ritos finais

Comunicados

Sugestão: Distribua pequenos pedaços de papéis e peça que cada pessoa escreva o seu nome e dobre o papel. Coloque todos num recipiente e depois solicite que cada uma retire um nome e guarde segredo. Se alguém tirar o próprio nome, coloque de volta na vasilha e retire outro. Na próxima celebração cada um revela o nome da pessoa que retirou e assume o compromisso de rezar por ela. Se desejar dinamizar ainda mais a última celebração antes do Natal, sugira que cada um traga uma pequena lembrança para o seu amigo secreto. Peça que cada um traga também um prato de doce ou salgado para uma singela confraternização na última celebração antes do Natal.

Após a explicação da dinâmica, poderão ser passados outros avisos sobre a próxima celebração, definindo também o local onde se realizará.

Em seguida, cada um poderá virar-se para a pessoa que estiver ao lado e fazer como no início, traçando o sinal da cruz em sua fronte, dizendo: "Eu te envio, em nome do Pai, do Filho e do Espírito Santo!". Em seguida, dê-lhe um abraço, desejando a paz.

Encerra-se a celebração com um canto bem alegre, agradecendo a todos pela presença, juntamente com o desejo de perseverança nessa caminhada rumo ao Natal do Senhor.

Roteiro para celebração na quarta semana do Advento

Tema: "Com Maria, abrimos nosso coração para acolher Jesus"

Ambiente e espaço da celebração

(Bíblia, flores, coroa do Advento com as três velas já acesas, chaves [de diversos tamanhos e em quantidade suficiente para todos os participantes]. Todo este material deve estar espalhado pelo chão [ou sobre a mesa], de forma que todos possam visualizá-lo. É importante que todos estejam em círculo, em volta dos símbolos. Numa mesa ao lado, coloque os alimentos prontos que os participantes trouxeram para a partilha e confraternização final.)

Acolhida

(O dirigente, depois do sinal da cruz e de uma acolhida afetuosa para o quarto dia da celebração, convida todos a que observem as chaves espalhadas pela mesa. Enquanto isso, pode ser colocada uma música de fundo [suave] que favoreça a contem-

73

plação. Após uns cinco minutos de observação/contemplação, ler pausadamente: Mateus 16,18-19 e motivar a revisão de vida.)

Motivação da revisão de vida

(Quem coordena motiva o participante a pegar uma chave e observar atentamente, em silêncio, todos os detalhes dela. Convide a que perceba a provocação que Deus faz a partir daquela chave e a que seja dado um nome à chave escolhida. É importante oferecer tempo suficiente para que cada um possa sentir-se provocado a fazer uma revisão de vida, rezando a partir das chaves e das provocações que ela despertou. Ajude o grupo com algumas motivações ou perguntas que possam contribuir na reflexão, como, por exemplo: Que nome dou a esta chave e por quê?; O que ela representa na minha vida?; Por que escolhi esta chave?; O que mais me chama a atenção nesta chave?; O que ela me diz a partir das minhas percepções?; O que ela me faz dizer a Deus?; Para quais coisas ainda me mostro fechado?; Para quais coisas me mostro aberto?; Que portas ainda preciso abrir na minha vida?; Que portas, ou situações, preciso fechar?; Tenho medo de abrir e fechar a "porta"?; Quando Deus fecha uma porta na minha vida, acredito que ele irá abrir uma janela? Sou uma pessoa aberta para Deus? Por quê?; Com relação aos irmãos, sou acessível ou me mostro fechado?; O que mais eu poderia extrair desta chave com relação a minha vida?)

Partilha

(Depois de algum tempo para meditar, peça que cada um expresse o que refletiu. A partilha pode ser também através de um refrão, uma prece, um canto, um trecho de um salmo etc. O importante é que cada um expresse o que sentiu durante o tempo de oração, de modo a fazer uma revisão de vida. Concluir a dinâmica de revisão de vida convidando cada um a que fique com a sua chave durante toda a celebração e depois a leve para casa como sinal de compromisso.)

Momento de louvor

(Quem coordena, acende a quarta vela da coroa do Advento e diz algo pelo qual gostaria de louvar a Deus neste dia. Em seguida, passa a vela acesa para a pessoa do lado, que espontaneamente também cita um motivo pelo qual louvar a Deus. Essa pessoa passa para outra e assim sucessivamente, até que todos se manifestem. Quem desejar, pode louvar em silêncio. A última pessoa diz o seu motivo de louvor e coloca a vela na coroa. Em seguida, pode-se cantar um canto de luz ou de louvor a Deus [exemplo: "Louvado seja, meu Senhor", ou outro que o grupo desejar]).

Oração

(Conclua esses ritos iniciais com a oração abaixo, ou outra que preferir, ou ainda espontaneamente.)

Dirigente: Deus de amor e de bondade, que abris os corações fechados e mostrais os caminhos que conduzem a vós, ajudai-nos a estar sempre de coração aberto para acolher a vossa Palavra, para, assim, acolhermos também vosso filho que chega até nós através de pessoas e situações para as quais nem sempre estamos abertos. Por Cristo, Nosso Senhor.

Todos: Amém.

Liturgia da Palavra

Leitura (Isaías 7,10-14)

Leitura do Livro do profeta Isaías.

O Senhor disse ainda a Acaz: "Pede ao Senhor teu Deus um sinal, seja do fundo da habitação dos mortos, seja lá do alto". Acaz respondeu: "De maneira alguma! Não quero pôr o Senhor à prova". Isaías respondeu: "Ouvi, casa de Davi: Não vos basta fatigar a paciência dos homens? Pretendeis cansar também o meu Deus? Por isso, o próprio Senhor vos dará um sinal: uma virgem conceberá e dará à luz um filho, e o chamará Deus Conosco". **Palavra do Senhor.**

Todos: Graças a Deus.

Salmo 23(24)

O rei da glória é o Senhor onipotente;
abri as portas para que ele possa entrar!

Ao Senhor pertence a terra e o que ela encerra,
o mundo inteiro com os seres que o povoam;
porque ele a tornou firme sobre os mares,
e sobre as águas a mantém inabalável.

Quem subirá até o monte do Senhor,
quem ficará em sua santa habitação?
Quem tem as mãos puras e inocente coração,
quem não dirige sua mente para o crime.

Sobre este desce a bênção do Senhor
e a recompensa de seu Deus e Salvador.
É assim a geração dos que o procuram,
e do Deus de Israel buscam a face.

Evangelho (Mateus 1,18-24)

Dirigente: O Senhor esteja conosco.
Todos: Ele está no meio de nós.
Dirigente: Proclamação do Evangelho de Jesus Cristo segundo Mateus.
Todos: Glória a vós, Senhor.
Eis como nasceu Jesus Cristo: Maria, sua mãe, estava desposada com José. Antes de coabitarem, aconteceu que ela concebeu por virtude do Espírito Santo. José, seu esposo, que era homem de bem, não querendo difamá-la, resolveu rejeitá-la secretamente. Enquanto assim pensava, eis que um anjo do Senhor lhe apareceu em sonhos e lhe disse: "José, filho de Davi, não temas receber Maria por esposa, pois o que nela foi concebido vem do Espírito Santo. Ela dará à luz um filho, a quem porás o nome de Jesus, porque ele salvará o seu povo de seus pecados". Tudo isto aconteceu para que

se cumprisse o que o Senhor falou pelo profeta: "Eis que a Virgem conceberá e dará à luz um filho, que se chamará Emanuel, que significa: Deus conosco". Despertando, José fez como o anjo do Senhor lhe havia mandado e recebeu em sua casa sua esposa. **Palavra da Salvação.**

Todos: Glória a vós, Senhor.

Motivação para reflexão

– O que esses textos da Palavra de Deus me dizem?

– O que esses textos da Palavra de Deus me fazem dizer a Deus?

– O que esses textos me fazem dizer aos meus irmãos e irmãs?

– Qual o meu novo olhar a partir desta Palavra?

– Que ações esses textos bíblicos me motivam a ter?

(Após a leitura, meditação, oração e contemplação, motive o grupo a fazer uma breve partilha. Depois, se for conveniente e se a celebração não estiver se alongando em demasia, pode ser lida a reflexão a seguir ou, então, partilhada de forma espontânea.)

Reflexão

Nesta última celebração antes do Natal do Senhor, as leituras nos convidam a olhar para dois personagens muito importantes na história da salvação: José e Maria. Ambos nos ajudam a preparar melhor o Natal do Senhor, com atitudes que são modelo de humildade, fidelidade e justiça, elementos essenciais para que o Natal não seja apenas mais uma festa de fim de ano.

Para ajudar nestes procedimentos, temos a leitura do profeta Isaías que nos fala de esperança, através dos sinais que Deus vai colocando na nossa vida. Sem sinais, nem sempre há esperança, e sem esperança nem sempre se têm atitudes tão sensatas e nobres como estas que vimos no Evangelho. Isaías fala de sinais. Que sinais são estes? "Uma virgem conceberá e dará à luz um filho, e lhe porá o nome de Emanuel". Um sinal, no mínimo, estranho e confuso, porém grandioso. Os sinais nem sempre são entendidos em seus reais significados, mas eles sempre têm algo a nos indicar. O grande apelo deste domingo é que estejamos atentos aos sinais desta presença de Deus conosco. Estes sinais podem ser estranhos, inusitados, simples e, seja lá o que e como for, é preciso saber interpretá-los e ver o que Deus quer de nós com eles. Todos os dias, Deus emite inúmeros sinais na nossa vida, mas nem sempre os notamos. Às vezes, nossa insensatez, nossa falta de fé e de justiça nos impedem de percebê-los.

O Evangelho traz o sim de José. Estamos mais acostumados a ouvir e refletir sobre o sim de Maria, mas hoje é o sim de José que ecoa em nossos ouvidos. O sim que ele deu ao anjo, isto é, a Deus, confirmou o sim de Maria. Desse modo, vemos como ambos, José e Maria, estão sintonizados. Ambos tiveram dúvidas, receio, medo, insegurança e outros tantos sentimentos, quando o anjo lhes anunciou a gravidez. Porém, pela fé, por serem pessoas de Deus, eles tiveram a atitude mais acertada, aceitando fazer a vontade de Deus.

Somente quem tem fé consegue, em situações difíceis como essa, ouvir e aceitar que é Deus quem fala. Deus fala de diferentes maneiras em nossa vida. Constantemente ele envia seus anjos para anunciar o que devemos fazer, mas nem sempre estamos abertos a acolher ou entender isso. Anjos podem ser pessoas, situações e acontecimentos da nossa vida. Todos são portadores de alguma notícia e nos pedem uma atitude.

Para ouvir e entender a voz de Deus, é preciso que sejamos como José, pessoa justa. Quem é justo, não tem maldade no coração. Quem é justo, quer o bem dos irmãos. José, por ser justo, pensava em deixar Maria em silêncio, sem fazer nenhum alarde, sem escândalos, sem expô-la à humilhação pública como era costume na época.

Mas, mesmo assim, essa não era uma atitude correta. Era um gesto humano apenas, de um homem bom que, sem entender o que estava acontecendo, pensava estar agindo da melhor maneira. É nesse momento que entra a ação do anjo. Os anjos de Deus surgem sempre na hora certa e, se formos pessoas boas, sensíveis, de fé, vamos também captar no momento exato essa presença, esse sinal de Deus.

Assim, as leituras que ouvimos exigem de nós sensibilidade para perceber os sinais de Deus. O maior sinal é Jesus. Não há sinal maior do que ele. A celebração deste fim de Advento anuncia a vinda desse sinal. Como está o nosso procedimento? José, quando entendeu o sinal, fez conforme o anjo lhe havia pedido, mudou seus pensamentos e aceitou Maria.

E nós, se temos os sinais desse anjo que anuncia a chegada do Senhor, devemos também mudar nossos pensamentos, nossas ações e acolhê-lo como José fez com relação a Maria e ao Filho de Deus que ela trazia no ventre. Demonstramos acolher Jesus não apenas por palavras, mas, sobretudo, por atos. Que as nossas ações revelem Jesus para os nossos semelhantes. É isso que pedem as leituras desta celebração.

Desse modo, o sim de José e de Maria nos coloca diante do presépio com o coração cheio de expectativas e esperanças. Queremos que o Emanuel, o Deus conosco, nos faça cada dia mais sensíveis aos sinais que Deus aponta em nossas vidas, para podermos também, a exemplo de José e Maria, dizer sempre sim a Deus e sermos coerentes até o fim. O sim de José e Maria possibilitou que Jesus nascesse para a humanidade.

O nosso sim a Deus possibilitará que Jesus continue presente entre nós. O sim de José e Maria representou um compromisso com Deus e com a humanidade. O nosso sim representa um compromisso semelhante. Somente quem diz sim a

Deus consegue dizer não às coisas que não são de Deus. Para celebrar verdadeiramente o Natal do Senhor, é preciso dizer sim a ele e não às coisas que o desagradam. Um sim a Deus significa um não às coisas do mundo.

Preces

(Motive preces espontâneas. Depois de alguns fazerem as suas preces, pode-se concluí-las também de forma espontânea. Caso a celebração esteja se alongando em demasia, as preces podem ser suprimidas e substituídas por uma oração.)

Momento de partilha de dons

(Coloque sobre a mesa central os alimentos que as pessoas trouxeram e convide todos a estenderem a mão direita para, juntos, fazerem a bênção com a oração abaixo indicada ou com outra que o grupo escolher.)

Oração da bênção dos alimentos

Dirigente: Deus Pai de amor e misericórdia, abençoai estes alimentos para que nunca faltem em nossa mesa nem na mesa de nossos irmãos. Que alimentados por eles, aprendamos a partilhar sempre mais. Por Cristo, nosso Senhor. Amém.

Pai-Nosso e Ave-Maria

(Rezar o Pai-Nosso de mãos dadas e com a seguinte dinâmica: cada um diz uma frase da oração, espontaneamente, até que ela seja concluída. Em seguida, rezar três Ave-Marias.)

Bênção final (espontânea)

(Após a bênção, quem coordena pede que cada um leve para casa a chave usada na dinâmica no início da celebração, como compromisso de ligar as coisas entre o céu e a terra, através de gestos de amor, perdão e misericórdia.)

Confraternização

(Revelar o amigo secreto e confraternizar partilhando os alimentos trazidos. Para esse momento, a equipe que coordena poderá usar de criatividade e preparar uma boa dinâmica, de modo que todos se confraternizem de modo descontraído e alegre, num verdadeiro clima do Natal que se aproxima.)

Roteiro para celebração no tempo do Natal

Tema: "Com Maria, guardamos e meditamos esses fatos no coração"

Ambiente e espaço da celebração

(Prepare o espaço com a dignidade que o Natal merece, com flores, velas, Bíblia, alguns enfeites natalinos [sinos, guirlanda, fitas coloridas e laços, presépio com o Menino Jesus, grãos de incenso etc.], vasilha com água benta e ramo para aspersão; pão para ser partilhado na hora da comunhão. Como nas outras celebrações, disponha os assentos em círculo para que todos possam visualizar bem uns aos outros e os símbolos que devem estar bem distribuídos e arranjados de forma harmônica no espaço central. Coloque no ambiente um fundo musical com música natalina. Escolha, com antecedência, quem vai proclamar as leituras, bem como providencie lamparinas suficientes para todos os participantes.)

Acolhida

(Depois de uma acolhida afetuosa, motive o início da celebração, pedindo que todos se posicionem de modo a entrarem em clima de oração, no espírito do Natal. A acolhida poderá ser espontânea ou previamente preparada. Após a motivação, apresentando aos presentes o tema a ser celebrado e tendo feito o sinal da cruz, convide-os a fazer um canto inicial, previamente escolhido.)

Canto inicial (À escolha.)

Recordação da vida

(Motivar o grupo a fazer uma breve recordação da vida, pedindo que cada um lembre fatos relevantes da semana, sejam estes acontecimentos mundiais, nacionais, locais, familiares ou pessoais que lhe chamaram a atenção.)

Momento penitencial e revisão de vida

(Depois de uma breve motivação de quem dirige, e um momento de silêncio e interiorização, todos fazem juntos o ato penitencial a seguir indicado. Após a oração, quem coordena poderá aspergir as pessoas com água benta.)

Todos: Confesso a Deus todo-poderoso e a vós, irmãos e irmãs, que pequei muitas vezes por pensamentos e palavras, atos e omissões, por minha culpa, minha tão grande culpa. E peço à Virgem Maria, aos anjos e santos e a vós, irmãos e irmãs, que rogueis por mim a Deus, nosso Senhor.

Momento de louvor

(O momento de louvor poderá ser feito da seguinte maneira: tendo ao centro o presépio, distribuir as lamparinas para todos os participantes. Cada um, calma e espontaneamente, acende a lamparina na vela principal [que já deverá estar acesa sobre a mesa ou no centro da sala] e diz um motivo pelo qual gostaria de louvar a Deus. Enquanto diz o motivo de louvor, acende a vela e a coloca em torno do presépio, de modo que todo ele fique circundado de lamparinas acesas. Quem desejar, poderá fazer o gesto em silêncio, apenas acendendo a lamparina e colocando-a em torno do presépio, mas é bom que todos participem. Quando todos [ou a maioria] tiverem feito o gesto proposto e o presépio estiver todo iluminado, canta-se um canto de louvor próprio do tempo de Natal.)

Oração

(A oração a seguir indicada poderá ser feita por todos os presentes juntos.)

Dirigente: Ó Deus onipotente, agora que a nova luz do vosso Verbo encarnado invade o nosso coração, fazei que manifestemos em ações o que brilha pela fé em nossas mentes. Por nosso Senhor Jesus Cristo, vosso Filho, na unidade do Espírito Santo. Amém.

Liturgia da Palavra

Leitura (Isaías 62,11-12)

Leitura do Livro do profeta Isaías.

Eis o que o Senhor proclama até os confins da terra: "Dizei a Sião: eis, aí vem teu salvador; eis com ele o preço de sua vitória, ele faz-se preceder dos frutos de sua conquista; os resgatados do Senhor serão chamados 'Povo Santo', e tu, cidade não mais desamparada, serás chamada a 'desejada'".

Palavra do Senhor.

Todos: Graças a Deus.

Salmo 96(97)

(Se for possível, alguém pode cantar o salmo ou recitá-lo, de modo que confira vida ao texto.)

Brilha hoje uma luz sobre nós,
Pois nasceu para nós o Senhor!

Deus é rei! Exulte a terra de alegria!
E as ilhas numerosas rejubilem!
E proclama o céu sua justiça.
Todos os povos podem ver a sua glória.

Uma luz já se levanta para os justos
e a alegria para os retos corações.
Homens justos, alegrai-vos no Senhor!
Celebrai e bendizei seu santo nome!

Evangelho (Lucas 2,15-20)

Dirigente: O Senhor esteja conosco.

Todos: Ele está no meio de nós.

Dirigente: Proclamação do Evangelho de Jesus Cristo segundo Lucas.

Todos: Glória a vós, Senhor.

Depois que os anjos os deixaram e voltaram para o céu, falaram os pastores uns com os outros: "Vamos até Belém e vejamos o que se realizou e o que o Senhor nos manifestou". Foram com grande pressa e acharam Maria e José, e o menino deitado na manjedoura. Vendo-o, contaram o que se lhes havia dito a respeito deste menino. Todos os que os ouviam admiravam-se das coisas que lhes contavam os pastores. Maria conservava todas estas palavras, meditando-as no seu coração. Voltaram os pastores, glorificando e louvando a Deus por tudo o que tinham ouvido e visto, e que estava de acordo com o que lhes fora dito. **Palavra da Salvação.**

Todos: Glória a vós, Senhor.

Motivação para reflexão

(Quem dirige motiva a reflexão dos textos bíblicos propondo um momento de silêncio e interiorização da Palavra e depois motivando quem desejar recapitular o texto do Evangelho, repetindo uma palavra ou frase que mais lhe tocou.)

Reflexão e partilha

(Após os participantes que desejaram ter se manifestado, quem dirige tece alguns comentários espontâneos com base nos textos proclamados, podendo também abrir a palavra para que outros se manifestem a respeito dos textos bíblicos. Cuidar para que a reflexão não se alongue em demasia.)

Preces

(As preces poderão ser espontâneas, de acordo com a necessidade de cada um. Após cada pedido todos respondem: "Por intermédio de Maria, escutai, Senhor, a nossa prece".)

Pai-Nosso e Ave-Maria

(Rezar o Pai-Nosso de mãos dadas, prestando muito atenção nas palavras. Em seguida, rezar três Ave-Marias.)

Momento de partilha de dons e comunhão

(Estando sobre a mesa o pão a ser partilhado, quem dirige pede que todos estendam a mão em direção ao pão e rezem a oração de bênção a seguir indicada. Após, partilhe o pão de modo que cada um receba um pedaço. Enquanto se faz a partilha, pode-se cantar um canto apropriado para comunhão e partilha.)

Oração de bênção e partilha do pão

Dirigente: Amado Pai Celestial, por intercessão de Maria, nossa Mãe, agradecemos por este pão que representa todo o nosso alimento. Pedimos, por vossa bondade, abençoá-lo para que nunca falte em nossa mesa o pão de cada dia. Permiti, ó Pai de bondade, que todos os seus filhos e filhas da terra possam ter o alimento que precisam, assim como nós recebemos e partilhamos este pão agora. Por Cristo, nosso Senhor. **Amém.**

Agradecimentos

(Quem dirige, motiva um momento de agradecimento a Deus pelos dias de celebração, tanto os do Advento quanto o do Natal, e concede algum tempo para que os presentes possam dizer o que acharam desses dias de celebração, numa espécie de avaliação e agradecimento. Esse momento pode ser concluído com um canto de agradecimento ou um canto de Nossa Senhora.)

Ritos finais

(Quem dirige, pede que uns estendam a mão em direção aos outros. Em seguida, faz essa oração [ou outra que desejar] sobre os presentes. Após a bênção, pode ser motivado o abraço da paz. Conclua com um canto de envio.)

Bênção final

Dirigente: Deus de bondade infinita, que dissipastes as trevas do mundo com a encarnação do seu Filho Unigênito e fizestes resplandecer esta noite santa [santo dia] com o vosso nascimento glorioso, afastai de nós as trevas do pecado e iluminai os nossos corações com a luz da sua graça.

Todos: Amém.

Dirigente: Deus, que enviastes os anjos para anunciarem aos pastores a grande alegria do nascimento do Salvador, enchei de alegria as nossas almas e fazei de nós mensageiros do seu Evangelho.

Todos: Amém.

Dirigente: Deus, que pela encarnação do vosso Filho reconciliou convosco a humanidade, nos concedei o dom da vossa paz e do vosso amor e nos tornai um dia participantes da Igreja celeste.

Todos: Amém.

Dirigente: A bênção de Deus onipotente, Pai, Filho e Espírito Santo, desça sobre nós e permaneça para sempre.

Todos: Amém.

Dirigente: Vamos em paz e que o Senhor nos acompanhe.

Todos: Graças a Deus.

Roteiro para se preparar, individualmente, para celebrar o Natal

A você que deseja se preparar para o Natal, mas não tem tempo de acompanhar uma novena, ou as celebrações de preparação para o Natal na sua comunidade, ou, então, que participa, mas quer ter também seu momento pessoal de oração e preparação, colocamos aqui um roteiro, com sugestões, seguindo o método da leitura orante, para que possa se aprofundar ainda mais na espiritualidade deste tempo tão importante da liturgia.

Dicas e sugestões

Ambiente e espaço da celebração

(Escolha um ambiente silencioso. Meditar exige concentração e os ruídos podem atrapalhar quem ainda não aprendeu o domínio dessa técnica. Assim, busque um lugar calmo, que pode ser um jardim, um parque, uma sala meio escura e silenciosa, ou mesmo no quarto ou na sala, se forem silenciosos. As dicas dadas são dirigidas para ambiente fechado, mas podem ser adaptadas para espaços ao ar livre, basta usar a criatividade. Deixe o espaço na penumbra, com pouca entrada de luz. A luz principal deve vir de seu interior, e é ela que sinalizará seu estágio na meditação. Pouca luz externa ajuda a acender a luz interna que revelará se você aprendeu a técnica da meditação. Se puder, tire os objetos que possam atrapalhar sua atenção, como revistas, jornais, jogos, instrumentos de trabalho ou de lazer etc. Providencie um aparelho de som com músicas para relaxamento, as quais podem ser músicas natalinas, instrumentais.)

Postura

(Depois de preparar o ambiente e o som, é hora de pensar na postura a ser usada para melhor se concentrar. Há várias maneiras de se posicionar. Uns preferem ficar sentados, outros preferem sentar-se numa poltrona confortável e outros, ainda, acham melhor deitar sobre um tapete ou colchão, confortavelmente. Qualquer uma dessas posições pode favorecer a meditação, desde que você se sinta bem e confortável. O que importa é o conforto, portanto, nada de roupas desconfortáveis ou sapatos apertados. O melhor mesmo é tirar tudo o que puder, principalmente, acessórios: roupas justas, sapatos, relógios, anéis, óculos etc. Não se esqueça de calcular antes quanto tempo pretende meditar, para que a preocupação com os afazeres não tire sua concentração. Depois de tudo isso, ligue o som, posicione-se de acordo com a postura escolhida e relaxe. No começo, preste atenção no som e, depois, comece uma viagem a um lugar real ou imaginário que seja paradisíaco para você. Não se preocupe se nas primeiras vezes você dormir. O sono, vindo dessa maneira, é relaxante e faz parte do processo de esvaziamento da mente das preocupações diárias. Meia hora é o suficiente para um bom relaxamento. Se precisar de mais tempo, faça a meditação por maior tempo.)

Relaxamento ou predisposição para a oração

Primeiro passo: o corpo. Se estiver vestido, sinta a roupa tocando seus ombros... Sinta as suas costas tocando o espaldar da cadeira ou do tapete... Ou sinta simplesmente suas costas... Sinta seus braços, suas mãos, as coxas sobre o assento ou estendida no chão... A maciez ou a dureza do assento ou do chão... As pernas... A sola dos pés... Entre em contato com si mesmo para entrar em sintonia com o universo. Repita essa sequência de pensamento do seu próprio corpo por três vezes. *Segundo passo: a respiração.* Sinta o ar entrando nos pulmões, passando pelas narinas. Sentir o ar e não pensar... Continue respirando normalmente. Sinta a vida acontecendo através da respiração. Respirar é viver... Deus é vida, o universo é vida. A atmosfera está densa da presença de vida. Respire uma força superior que sustenta sua vida. Sinta o que sente agora: paz, adoração, louvor, ação de graças, tranquilidade... Sinta os desejos que o impelem nesta meditação... Vá sentindo o ar que entra e sai dos seus pulmões...
Terceiro passo: os sons. Escute os sons que estão a sua volta... O mais suave... O mais distante. Deixe que lhe cheguem

os sons, a imensa gama de sons que nos atingem. Cada som abarca uma infinidade de outros sons...

Quarto passo: os sentimentos. Tome consciência dos seus sentimentos. Não os analise. Sinta-os simplesmente... O que sente agora em relação a este momento de meditação? O que deseja pedir? Deixe seus desejos mais profundos acontecerem no aqui e agora... Fale com si mesmo sobre eles... Agradeça por eles existirem em seu coração... Agradeça por esse momento de contemplação, de comunhão consigo e com o universo a sua volta... Agradeça esse momento de meditação.

Oração

Com a mente e o corpo relaxados, comece sua oração pessoal. Escolha um texto bíblico e leia seguindo o método da leitura orante.

Escolha um texto do tempo do Advento, assim você se aprofunda na oração com um texto próprio de preparação para o Natal. Após escolhido o texto, siga os passos indicados da leitura orante, ou *lectio divina*. A palavra latina *lectio*, em sua primeira acepção, significa ensinamento, lição. Num segundo sentido derivado, *lectio* também pode significar um texto ou um grupo de textos que transmitem tal ensinamento.

A *lectio divina* é um exercício da escuta pessoal da Palavra de Deus. Funciona como uma escada de quatro ou cinco degraus

95

espiruais: *leitura, meditação, oração, contemplação e ação.* Esses degraus, além de oferecerem compreensão do processo de oração, elevam a pessoa a uma verdadeira oração, colocando-a no seu ponto mais alto, que é a contemplação. Mas, para que isso aconteça, é preciso estar aberto à ação de Deus e ter uma predisposição para a oração e, para isso, oferecemos os passos a seguir.

Primeiro passo: leitura. Leia atentamente o texto e pergunte: *O que o texto diz?* Preste atenção em todos os detalhes do que leu: o ambiente, o desenrolar dos fatos, os personagens, os diálogos, a reação das pessoas; procure perceber os seus sentimentos, os pontos mais importantes, as palavras mais fortes, sublinhando o trecho que mais lhe chamou a atenção. É importante que identifique tudo isto com calma e atenção, como se estivesse vendo a cena. Esse passo é o que exigirá maior esforço de sua parte. Não é hora de procurar direcionamentos para sua vida, mas de perceber o que o texto fala de forma genérica. A leitura em meia voz ajudará a perceber melhor cada detalhe, pois você estará usando mais um sentido.

Segundo passo: meditação. Pergunte: *O que o texto me diz?* Momento de se colocar de forma pessoal diante da Palavra. É hora de "ruminar", saborear a Palavra. "Quão saborosas são para mim vossas palavras! São mais doces que o mel à minha boca" (Sl 118). Tudo o que você encontrar na leitura deve ser questionado com sua vida, através do Espírito Santo. Não é preciso deter-se no texto todo, mas naquilo que o Espírito

Santo tiver suscitado. Confronte a sua vida com a Palavra, deixando-se impregnar pelos sentimentos que o Espírito faz surgir em nós: alegria, confiança, arrependimento...

Terceiro passo: oração. Pergunte: *O que o texto me faz dizer?* A oração brota como fruto da meditação. Os sentimentos nos levam a dar uma resposta a Deus. Naturalmente brotam o louvor, uma súplica, uma oração penitencial, a oferta, a adoração, enfim, o que o Espírito suscitar.

Quarto passo: contemplação. Pergunte: *O que a Palavra faz?* É o próprio Deus agindo. É um deliciar-se com a ação de Deus que toma a sua oração e leva você ao coração d'Ele. A contemplação não é fruto dos seus esforços, é pura graça de Deus. Como disse Santa Teresa: "Quereis saber se estais adiantadas na oração? Olhai se na vossa vida tem virtudes". É pelos frutos de conversão que reconhecemos se estamos orando de verdade. "Contemplar não significa procurar a verdade, mas regozijar-se com a verdade encontrada, saboreando toda a sua riqueza e profundidade" (Frei Raniero Cantalamessa). Importante: anote em seu caderno os frutos de sua meditação.

Quinto passo: ação. Pergunte: *O que esse texto me faz fazer a Deus e ao próximo?* Reflita sobre o que poderá fazer para ajudar alguém neste Natal. Busque concluir a oração com uma ação concreta. Esse gesto fará com que sua oração seja uma oração de conversão e encarnada.

Algumas curiosidades
sobre o Natal

Quando o fim do ano vai chegando, sabemos que estamos adentrando um período de festas. Assim, a época que antecede o Natal é um tempo que costuma ser alegre e cheio de expectativas. Quase tudo a nossa volta se enche de luzes e cores e, sem perceber, entramos nesse clima. No intuito de vender mais, o comércio enfatiza o fato de estarmos num tempo especial de festejar, trocar presentes, enfim, consumir. Mas o Natal não é só consumo. Há muitos símbolos que estão no nosso imaginário e que ajudam a ver um outro lado do Natal, voltado para a paz, o amor, o perdão e a confraternização.

Assim, não obstante os apelos do comércio, há dentro de cada um nesta época um sentimento diferente, quase inexplicável, proporcionado pela expectativa do Natal que faz esse período se tornar um momento de rever ações, de fazer um balanço da vida e mudar procedimentos. Assim, o espírito do Natal nos leva a nos reunirmos com amigos e familiares, a perdoarmos e reatarmos laços, a sermos mais solidários.

O Natal tem essa magia! Ele nos torna pessoas mais sensíveis porque olhamos para a manjedoura e lá vemos um Deus infinitamente sensível, na simplicidade de uma estrebaria e na fragilidade de uma criança, dizendo de um modo subliminar que é tempo de resgatar o nosso lado humano, simples, sensível, porque é isso que nos aproxima de Deus. Esse Deus menino, colocado ao alcance de todos na gruta de Belém, diz que é preciso ser como as crianças para entrar no Reino dos céus. Assim, o Natal traz de volta a criança que existe dentro de nós, porque é uma festa de criança.

Quem é que não se lembra dos Natais da sua infância? Cada um tem uma lembrança dessa festividade, e essas recordações muitas vezes se parecem. E isso acontece porque estão carregadas de símbolos, de imagens, de cores, sons e odores que se perpetuam ao longo da história.

Todos os anos nesta época esses símbolos são resgatados para trazer de volta algo imaginário, lúdico, que reproduzimos para alegrar a criança que habita em nós. Por essa razão, os símbolos e curiosidades do Natal são muito importantes para conferir a essa ocasião os sentimentos que somente neste período revivemos. Assim sendo, trouxemos aqui alguns desses símbolos e curiosidades para ajudar a entender por que esse tempo tem o seu encanto.

A figura de Maria

Ao falarmos das curiosidades do Natal, começamos por Maria, a mulher que foi escolhida para ser a Mãe de Jesus. Sem Maria, não há Natal. Portanto, depois de Jesus, ela é figura central dessa festa. A imagem de Maria grávida é um dos símbolos do Advento, da espera do nascimento e da preparação. Assim, Maria está presente em todas as celebrações de preparação para o Natal, porque ela é a figura que mais tem a nos ensinar sobre como se preparar bem para a chegada do Menino Deus. Assim, tanto no Advento quanto no Natal, destaca-se a figura de Maria, a Mãe de Deus, e a sua fidelidade e obediência a Deus.

Nestes tempos, mais do que nunca, temos diante de nós imagem da manjedoura, com Maria e José, e o recém-nascido deitado. A imagem pede que nos coloquemos no lugar dos pastores e vejamos o Menino Deus e sua Mãe com o olhar dos pastores. Essa imagem diz que precisamos ir às pressas ao encontro desse Menino que nasceu entre nós, e descobrir onde ele se encontra.

Os indicativos destes símbolos e das leituras destes tempos são muito importantes para termos a direção certa: ele continua nas manjedouras dos nossos tempos, e não nos palácios, ou nas maternidades de primeira linha; ele continua nascendo onde menos se espera que ele possa estar, ou seja, embaixo dos viadutos, nas favelas sem nenhuma infraestrutura, nos grandes bolsões de miséria, enfim, naquilo que hoje representam as manjedouras, os lugares que sobram para os pobres nascerem.

Desse modo, Maria tem muito a nos ensinar. Ela via todos esses acontecimentos maravilhosos da ação de Deus na sua vida, não entendia muito bem, e guardava tudo em silêncio no seu coração, meditando tais fatos. Conservar todos esses fatos e meditar sobre eles em seu coração significa colocar nas mãos de Deus aquilo que foge a nossa compreensão, ao nosso entendimento; significa uma vida de oração; significa uma atitude de plena confiança em Deus, deixando que ele guie a sua vida, as suas ações e todos os acontecimentos. É, portanto, uma entrega total a Deus. Assim, Maria mais uma vez nos ensina essa entrega a Deus sem medidas.

Os preparativos para o Natal

Nem só de preparação religiosa vive o Natal. Há outro tipo de preparação ainda mais presente na vida das pessoas de um modo geral, que marca muito essa época. É o tempo em que os apelos do Natal estão por toda parte e, querendo ou não, somos contagiados por eles. Esse tempo tem também o seu *glamour* e seu espírito quase sagrado, que confere uma leveza à alma, aos sentimentos. Por toda parte, vemos gente apressada indo às compras. Compra de presentes, de ornamentos para a casa, de alimentos e bebidas para a ceia e para o almoço do dia de Natal. Essa movimentação toda cria certa expectativa não apenas nas crianças, mas também nos adultos.

Quem já preparou uma festa de aniversário infantil, entende o que é esse sentimento, porque Natal não deixa de ser festa de criança. É o Deus Menino que chega e, por isso, celebramos com certos procedimentos próprios de crianças. Assim, o período que antecede o Natal faz com que reavivemos a criança que mora em cada adulto. Até mesmo os mais sisudos deixam que um sorriso ocupe o seu rosto nesta época, e isso não é proposital, pois vem do "espírito" do Natal, essa festa que mistura o sagrado e o secular numa mesma celebração, de forma harmônica.

A data do Natal

O Natal é a data em que comemoramos o nascimento de Jesus Cristo. Na antiguidade, o Natal era comemorado em várias datas diferentes, pois não se sabia com exatidão a data do nascimento de Jesus. Foi somente no século IV que o dia 25 de dezembro foi estabelecido como a data oficial de comemoração do nascimento de Jesus. Na Roma Antiga, o dia 25 de dezembro era a data em que os romanos comemoravam o início do inverno. Portanto, acredita-se que houvesse uma relação deste fato com a oficialização da comemoração do Natal nesse dia.

À meia-noite, a ceia de Natal

Natal é motivo de festa, e festa sem comida e bebida não existe. Daí o fato de se celebrar a chegada do Natal com a ceia, caprichando na refeição a ser servida nessa noite. Mas não foi sempre assim, pois, antes, muitas famílias preferiam acentuar o almoço do dia 25 de dezembro e não a ceia.

O costume da ceia se generalizou não faz muito tempo, mas ainda há muitas famílias que a suprimem para enfatizar o almoço do dia de Natal. Vale lembrar que tanto uma quanto o outro devem ter sentido comunitário, de família cristã que se reúne em alegre convívio ao redor da mesa. A referência da ceia é Cristo, que se reuniu com os apóstolos em uma ceia, antes da sua Paixão, morte e ressurreição: é a chamada última ceia, na qual se dá a instituição da Eucaristia.

Portanto, a ceia tem esse sentido teológico, pascal, e confere à celebração do Natal o seu ponto alto. Seria muito importante que a participação na ceia eucarística precedesse a ceia propriamente dita, ou seja, o jantar, no qual as pessoas refestelam-se nas comidas e bebidas.

Os costumes alimentares da noite de Natal

Na Europa, antigamente, as pessoas deixavam a porta de casa aberta durante a noite para que viajantes e pessoas pobres pudessem participar da ceia de Natal. Até hoje, a refeição é o momento de confraternização entre amigos e familiares.

Sobre o cardápio da ceia do Natal, ou do almoço natalino, há uma grande variedade de costumes, de acordo com cada região. Alguns desses costumes que assimilamos vieram de outras culturas, como, por exemplo, a tradição de comer peru. O peru, ave criada pelos índios do México, foi servido pela primeira vez, como prato principal, em uma ceia no dia de Ação de Graças, no estado americano de Massachusetts, no ano de 1621.

Além disso, nos Estados Unidos, o peru representou o fim da fome dos primeiros colonos ingleses que lá chegaram e hoje, portanto, é prato obrigatório na Festa de Ação de Graças, mais que no Natal. Porém, no Brasil, onde não damos tanta ênfase ao dia de ação de graças, transferimos esse costume de comer peru para a ceia do Natal. Mas o consumo desse prato por aqui também é antigo, remontando à época do Brasil Colônia.

Além do peru, temos outros pratos que já se tornaram tradicionais, como, por exemplo, o *chester*, que é um tipo de frango grande que substitui muitas vezes o peru, por ser mais barato; o *tender*, pernil de porco defumado, um tipo de presunto, também é consumido em muitos lugares na ceia do Natal;

a rabanada e o bacalhau são costumes oriundos de Portugal; as frutas secas e castanhas, um costume europeu, por aqui foram agregadas ao costume do consumo de frutas tropicais, que servem para ornamentar a mesa da ceia; os doces, que variam de região para região. Enfim, há certos pratos que pela tradição são repetidos todos os anos, e sem eles parece que o Natal não é a mesma coisa. E já que é uma festa de repetições de costumes e tradições, em relação à comida não é diferente.

A reunião de família

Natal é festa de família. É a ocasião em que familiares se encontram para celebrar, festejar, comemorar, enfim, um encontro que acontece todos os anos, e é bom que isso aconteça. E essa festa é quase sempre igual, porque Natal não comporta mudanças ou inovações, é uma festividade de tradições. E por ser tão tradicional o costume de reunir a família nessa ocasião, essa é também uma época em que comumente surge aquela nostalgia de Natais passados, reais ou imaginários, quando a família tinha outros membros, sobretudo pais, mães, avós.

Daí, então, a razão de muitos acharem essa época triste, pois a tristeza vem do fato de não se ter mais presente, nas reuniões de família da noite ou do dia de Natal, alguns desses familiares: o filho ou a filha distante que não pode vir; a mãe ou pai que já faleceu; as lembranças das comidas da avó que já partiu; enfim, razões para saudade não faltam no Natal.

Mas, mesmo assim, a festa continua, porque a vida continua para aqueles que se reúnem e buscam levar adiante a tradição e a memória dos seus antepassados. Além disso, Natal é festa de família porque no centro de tudo está a Família de Nazaré. Até mesmo quem não é cristão, ou quem não professa a fé cristã, segue o costume de reunir a família nessa ocasião, conferindo à data essa característica de festa familiar.

Os ornamentos natalinos

Os ornamentos natalinos são outra tradição desta época, e eles conferem ares mais alegres ao tempo da preparação e ao dia do Natal. Dentre eles, os ornamentos de mesa e da ceia, como já citados antes, assim como os de janelas, casas e ruas. Os arranjos de mesa, com flores secas, são bastante comuns, sendo esse um costume vindo de países onde nessa época o inverno é rigoroso e não há quase flores.

Porém, por aqui é costume usar também flores naturais, como, por exemplo, o bico-de-papagaio, ou flor-do-natal, pelo seu formato e coloração, pois predominam nos ornamentos natalinos as cores vermelha e verde, seguidas do dourado. Também as pinhas e o próprio pinheiro são utilizados na ornamentação: outro costume trazido de países frios, como os da Europa ou da

América do Norte. As velas também não podem faltar, mas delas falaremos num item à parte, junto com as luzes, devido sua importância. Nessa ocasião usam-se também toalhas especiais, com ilustrações alusivas ao Natal, bem como bolas e laços coloridos, guirlandas, figuras de Papai Noel com renas e trenós e alusões à neve. Ou seja, a maior parte dos símbolos e ornamentos que usamos é oriunda de outros países onde há neve, a começar pela figura do Papai Noel com suas roupas típicas de inverno.

Não pode faltar também em algum canto da casa a tradicional árvore de Natal, um dos símbolos mais populares nessa época para ornamentar os espaços e expressar que estamos em clima de Natal.

A festa da luz

Não dá para falar do Natal e da sua preparação sem falar das luzes. São elas que dão os primeiros sinais de que o Natal está chegando. No comércio as luzes ornamentais começam a aparecer cada vez mais cedo, no afã de se vender mais. As luzes tomam conta de muitas casas, igrejas, ruas e praças. O seu simbolismo é importante porque Natal é nascimento de Cristo, e Cristo é a luz do mundo. Desse modo, não pode faltar luz no Natal, pois é a festa da Luz.

Nesse sentido, quase todas as ornamentações contêm luzes. Dentre as luzes, as estrelas, numa alusão à estrela de Belém que guiou os magos e identificou o local do nascimento de Cristo. Outra luz presente é a das velas, pois também são utilizadas como enfeites natalinos. Elas representam a luz de Jesus Cristo vinda até nós, pois seu fogo é purificador, regenera, renova a vida, trazendo esperança.

As velas simbolizam também, como foi dito, Cristo, a Luz do mundo. Assim, cada pessoa deverá ser como uma vela que espalha seu brilho e causa bem-estar a todos que a rodeiam.

As cores das velas são variadas, mas seis delas predominam, com seus simbolismos:

- vela vermelha: lembra Isaías, profeta que anunciou mil anos antes a vinda do Salvador;
- vela azul: lembra João Batista, que anuncia estar próximo o Salvador;
- vela rosa: lembra Maria, filha de Israel, que deu o seu sim, consentindo que nascesse dela o Salvador;
- vela amarela: símbolo do ouro e da realeza, que vêm em sua plenitude para o povo;
- vela verde: a esperança de um tempo novo;
- vela branca: a pureza e a paz trazida pelo Salvador.

A origem das bolas de Natal

As bolas natalinas surgiram para substituir os enfeites mais antigos das árvores, como maçãs e pedras, que eram amarradas nos pinheiros. Hoje elas estão presentes em quase todos os lugares na época do Natal, sobretudo na árvore de Natal. Lembram os frutos e a nossa missão de dar frutos, e que esses frutos permaneçam.

É também sinal de fertilidade e renovação, e essa renovação está presente na mutação que elas sofreram ao longo dos anos. Até pouco tempo, as bolas de Natal eram de vidro, bem finas e sensíveis, o que dificultava guardá-las de um ano para outro, pois se quebram com muita facilidade.

Hoje existem bolas de materiais muito resistentes, numa infinidade de cores e tamanhos. Vale lembrar que, antes de as bolas se popularizarem, havia uma tradição de pintar ovos ocos com cores alegres para enfeitar a árvore. Esse costume ainda é usado na Páscoa em alguns lugares, sobretudo entre famílias oriundas do Leste Europeu.

O pinheiro

A árvore de Natal é um dos símbolos mais visíveis desta época do ano. Em quase todos os países do mundo, as pessoas montam árvores de Natal para decorar casas e outros ambientes. Em conjunto com as decorações natalinas, as árvores proporcionam um clima especial neste período.

A maioria das versões sobre a procedência da árvore de Natal indica a Alemanha como país de origem. A mais aceita atribui a novidade a Martinho Lutero, na época padre.

Ele montou um pinheiro enfeitado com velas em sua casa, para mostrar às crianças como deveria ser o céu na noite do nascimento de Cristo. Outra versão atribui a criação ao anglo-saxão Vilfrido. Ele teria ido pregar o Cristianismo na Alemanha e usado a figura triangular de um pinheiro para explicar a Santíssima Trindade. A partir de então, a árvore passou a ser reverenciada como uma planta divina e aplicada ao Natal do Senhor (do pinheiro aproveitam-se também as sementes, ou seja, as pinhas, para confeccionar arranjos natalinos.)

Porém, a tradição de relacionar árvores a divindades vem da mitologia grega. As plantas, para os gregos, intermediavam o céu e a terra e simbolizavam a evolução e a elevação do homem. O carvalho, por exemplo, homenageava Zeus; a oliveira, a deusa Atena; e a videira, o deus Dionísio, e assim por diante. Para os chineses, o pinheiro significa longa vida. No entanto, foram os ingleses quem popularizaram a árvore de Natal. Eles tomaram contato com a tradição por volta de 1850. Quando o príncipe Albert se casou com a rainha Vitória, ela começou a montar árvores majestosas em sua residência de férias. A população passou então a imitá-los.

Essa tradição chegou ao continente americano por meio de alguns alemães, que vieram morar na América durante o período colonial. No Brasil, país de maioria cristã, as árvores de Natal estão presentes em diversos lugares, pois, além de decorar, simbolizam alegria, paz e esperança.

As plantas do Natal

Já mencionamos algumas plantas que são típicas do Natal e que se tornaram símbolos dessa época. Citamos anteriormente a que mais usamos por aqui, que é o bico-de-papagaio ou flor-de-natal, mas existem outras, como, por exemplo, o azevinho, que não é brasileira, mas está muito presente nas ornamentações do Natal, seja *in natura* ou artificiais. Ele simboliza vida, bom pressentimento, podendo ser utilizado nas portas das casas, nas maçanetas, em velas e na própria árvore de Natal. As folhas de azevinho, por serem resistentes, são símbolo da vida e trazem boas energias e bons pressentimentos para as pessoas.

Além de suas folhas entrecortadas e pontiagudas, o azevinho produz também pequenos frutos vermelhos que ajudam a ornamentar os arranjos.

A coroa natalina

Embora já tenhamos falado sobre a importância dos arranjos e enfeites natalinos, não podemos deixar de destacar a guirlanda, tão presente nessa época nas portas das casas e em outros locais. Se no período do Advento temos na liturgia a coroa do Advento, no tempo do Natal temos a guirlanda, com significado similar, porém com suas peculiaridades próprias do tempo do Natal. As guirlandas, ou coroas de Natal, são confeccionadas e instaladas nas portas das residências como forma de representar toda a receptividade desta data tão especial.

A cor vermelha é também uma tradição, estando presente na maioria dos enfeites, e na guirlanda também é predominante.

Por sua vez, a guirlanda pode ser confeccionada de diversos materiais, mas o mais comum é com ramos secos ou galhos também secos, diferentemente da coroa do Advento, que deve ser confeccionada com ramos verdes. Além disso, ela pode estar repleta de enfeites, pois lembra a alegria e a festa do Natal, bem como simboliza a esperança de uma nova vida. Numa porta onde há uma guirlanda pendurada, há esperança de um novo tempo, porque Natal é tempo de esperança.

Francisco de Assis e o presépio

Ao falar do Natal, dos seus símbolos e significados, ou de curiosidades sobre essa ocasião, não podemos deixar de mencionar o presépio. A imagem do presépio é uma das mais significativas, pois tudo no Natal gira em torno dele. Antes de qualquer símbolo, ou ornamento do Natal, vem o presépio.

Consta que o presépio foi uma criação de São Francisco de Assis para representar o nascimento de Jesus de forma mais realista. Escritos da Igreja Católica relatam que esse presépio foi montado durante uma missa celebrada no ano de 1223, a que passaram a considerar como missa de Natal, ou missa do galo, como veremos a seguir.

A ideia foi tão bem simbolizada, que rapidamente passou a ser adotada em outras igrejas europeias.

Assim, o presépio é a representação do momento do nascimento de Jesus.

A missa do galo

Hoje quase não se usa mais essa expressão, "missa do galo", mas ela esteve presente por muito tempo na Igreja, referindo-se à missa que era celebrada à meia-noite do dia 24 de dezembro, para celebrar o Natal do Senhor. Em Roma, essa missa ainda é celebrada pelo papa e transmitida para o mundo. Semelhante ao presépio, a criação da missa do galo também é atribuída a São Francisco de Assis.

Conta-se que o ato de montar o presépio era seguido de uma missa e, como os galos cantavam às primeiras horas da madrugada, o povo deu a essa celebração o nome de *missa do galo*. Além disso, há uma lenda que diz que foi um galo que anunciou o nascimento de Cristo. A ave cantou exatamente à meia-noite de 24 de dezembro, horário e dia em que o menino Jesus nasceu, mas isso é apenas lenda, não há nenhuma fundamentação teológica.

Há outra lenda que diz que, em Portugal, Espanha e Brasil, havia o costume de levar um galo à missa do Natal. Se ele cantasse, era sinal de bom agouro para o próximo ano. Ou seja, vemos que muitas lendas cercam os símbolos do Natal. Elas em nada prejudicam o sentido teológico dessa celebração tão importante do calendário litúrgico, mas servem para ilustrar uma ocasião de tantos símbolos e imagens que fertilizam o imaginário religioso.

A manjedoura

Por falar em presépio, faz parte dele um símbolo que é central, a manjedoura, que nada mais era que um cocho que servia para tratar dos animais, muito comum até hoje nas regiões de criação de gado. A palavra manjedoura confere à estrebaria um sentido mais romântico, dissipando aquela imagem rústica e grosseira, mas mesmo assim lembra um lugar de estrema simplicidade.

Nas imagens e iconografias, as manjedouras aparecem muitas vezes como um berço, mas não era bem assim. Essa imagem nos faz questionar: como é que Jesus, o Rei dos reis, nasceu numa gruta que servia de estábulo? E mais, cercado de animais e servido por pobres pastores? Ou seja, o Messias nasceu num lugar simples, sem nenhum luxo ou ostentação. Por isso, no presépio, a manjedoura, o cocho onde os animais comiam, e que serviu de berço para Jesus, simboliza uma das maiores lições que Cristo nos ensinou: a humildade, pois, apesar de poder nascer num palácio, ele escolheu o lugar mais simples da Judeia, em Belém.

Diante disso, podemos observar que a manjedoura é lugar impróprio para uma mãe dar à luz, mas Deus quis estar ali em solidariedade a todas as mães que não têm onde dar à luz, ou que o fazem sem nenhuma assistência profissional, apenas sob a proteção de Deus; ele quis se aproximar dos excluídos, figurados nos pastores. Como José e Maria, os pastores acreditaram no anúncio dos anjos de que ali estava o Salvador da humanidade. Os pastores enxergaram no Menino a esperança do mundo.

Os presentes de Natal

Quem é que não associa o Natal com presentes? Não é à toa que o comércio investe em ornamentação e propaganda nessa época do ano. Natal é tempo de dar presente e de se fazer presente, e isso movimenta pessoas e a economia de muitos países. Os presentes são uma tradição, uma referência aos três Reis Magos que levaram presentes para o menino Jesus.

Essa é a forma mais conhecida de se representar o Natal, quando todos trocam presentes, seja em família, com amigos, no trabalho. E quem não tem condições, quem mora em abrigos e orfanatos aguarda cheio de esperança que pessoas de bem o presenteiem, mesmo que seja com uma visita ou com roupas usadas e alimentos. Assim, os presentes se tornaram uma tradição do Natal, pois os três reis magos levaram incenso, ouro e mirra para serem oferecidos ao Rei dos Reis, logo após o seu nascimento, estabelecendo o costume de presentear nessa época do ano.

O Papai Noel

Mesmo sendo muito contestada na liturgia cristã, a figura do Papai Noel é "onipresente" no período do Natal. Não dá para ignorá-la, pois está em toda parte, até mesmo nos lares cristãos, embora ela seja uma figura usurpada, de incentivo ao consumo. Mas de onde vem essa figura e por que ela se firmou no tempo do Natal?

O Papai Noel é uma homenagem ao bispo católico do século IV, São Nicolau, que levava presentes para as crianças mais pobres. A associação da imagem de São Nicolau ao Natal aconteceu na Alemanha e espalhou-se pelo mundo em pouco tempo. Nos Estados Unidos, ganhou o nome de *Santa Claus*, no Brasil de *Papai Noel* e em Portugal de *Pai Natal*. Em outros países ele tem também uma nomenclatura própria: na Holanda, *Kerstman* = "Homem do Natal"; na Inglaterra, *Father Christmas*; na Suécia, *Jultomte*; na Rússia, *Ded Moroz* etc.

Até o final do século XIX, o Papai Noel era representado com uma roupa de inverno na cor marrom ou verde escura. Em 1886, o cartunista alemão Thomas Nast criou uma nova imagem para o "bom velhinho". A roupa nas cores vermelha e branca, com cinto preto, criada por Nast, foi apresentada na revista *Harper's Weeklys* naquele mesmo ano.

As canções natalinas

Natal é uma festa que envolve todos os sentidos, e os sons fazem dessa época uma ocasião que nos emociona. São muitas as canções natalinas clássicas. Algumas mais conhecidas e outras nem tanto, mas Natal sem música não é Natal. Elas variam de acordo com cada país, mas há algumas que são universais, mudando apenas as letras e a língua na qual elas são cantadas.

A canção mais popular da noite do Natal nasceu na Áustria, em 1818. Diz a lenda que, na cidade de Arnsdorf, os ratos entravam nos órgãos das igrejas e roíam os foles, impossibilitando que as músicas fossem executadas. Preocupado com a possibilidade de que a noite de Natal ficasse sem música, o Padre Joseph Mohr saiu atrás de um instrumento que pudesse substituir o antigo órgão de foles. Em suas buscas, começou a imaginar como teria sido a noite em Belém. Fez anotações e procurou o músico Franz Gruber para que as transformasse em melodia. Nascia assim a canção natalina que nós conhecemos como "Noite Feliz".

A versão brasileira da canção também foi feita por um religioso, o Frei Pedro Sinzig, nascido na Áustria, em 1876, mas que veio morar na cidade de Salvador, na Bahia, em 1893. O frei naturalizou-se brasileiro em 1898 e se destacou como um grande incentivador da música religiosa no país.

Já a canção natalina "Jingle Bells", conhecida também como "One horse open sleigh", sua versão original, é uma das mais comuns e conhecidas canções natalinas do mundo. Ela foi escrita por James Lord Pierpont, que viveu entre os anos de 1822 e 1893, e, originalmente, não se tratava de uma canção natalina.

A versão brasileira dessa música tão conhecida foi feita por Evaldo Rui e gravada pela primeira vez por João Dias. Apenas como curiosidade, ela foi a primeira canção a ser cantada no espaço, no dia 16 de dezembro de 1965.

Outra canção que eterniza o espírito do Natal é *Adeste Fideles*, um dos hinos mais cantados nos templos cristãos e fora deles. Considerado de origem portuguesa, era um dos favoritos a ser cantado no Natal da capela da embaixada portuguesa, em Londres, nos séculos XVI e XVII. A sua autoria é atribuída por alguns ao rei Dom João IV, mas não há nada que comprove essa afirmação, já que o hino é de domínio público e executado, geralmente, em latim no mundo todo. Embora não se saiba ao certo qual a origem de sua autoria, há certo consenso de que seja uma canção portuguesa porque está registrada como "hino português".

A Folia de Reis

Dentro das festividades do Natal existe a Festa dos Santos Reis, ou Folia de Reis como é mais conhecida. Até bem pouco tempo essa celebração fazia parte das festas de fim e começo de ano, sendo que havia três grandes festas:

Natal, Ano-Novo e Festa dos Santos Reis. Hoje em dia a Festa dos Santos Reis só é comemorada no calendário litúrgico e nas devoções populares, mas não há mais tanta ênfase em sua comemoração. Em alguns países, como, por exemplo, no Paraguai, essa festa ainda continua sendo muito importante. Mais que no Natal, é nessa data que se costuma trocar presentes, numa estreita alusão aos presentes que os magos levaram ao menino Jesus.

Assim, as antigas comemorações de Natal costumavam durar até 12 dias, pois este foi o tempo que os três reis magos levaram para chegar até a cidade de Belém e entregar os presentes (ouro, mirra e incenso) ao menino Jesus.

Atualmente, as pessoas costumam montar as árvores e outras decorações natalinas no começo de dezembro, e as desmontam até 12 dias após o Natal, ou seja, por volta do dia 6 de janeiro, data em que se celebra a Epifania do Senhor, ou os reis magos.

Na devoção popular, e no folclore, durante a Folia de Reis, em algumas regiões do Brasil, homens caracterizados de reis magos saem pelas ruas das cidades do interior e param nas casas onde há presépios. Daí, cantam, dançam e abençoam a família com uma bandeira que representa o anúncio do nascimento de Jesus. Com essa manifestação religiosa e folclórica se encerram as festividades do Natal na devoção popular.

Considerações finais

Apresentamos nestas considerações finais um resumo do ciclo do Natal, com uma breve reflexão sobre cada um dos três momentos desse ciclo, de modo que se possa ter uma visão geral deste período tão importante da liturgia que abre o calendário litúrgico.

Como vimos no início, o ano litúrgico começa com o Advento. O Advento é, portanto, o portal do calendário litúrgico, que se inicia conclamando para a preparação da chegada de Jesus.

Quando estamos esperando a chegada de uma pessoa muito querida na nossa casa, nós a preparamos com todo carinho, aguardando ansiosamente. Ficamos felizes desde o momento em que sabemos da sua vinda. Enfeitamos a casa; providenciamos algo especial para oferecer a ela; oferecemos o melhor que temos: o melhor quarto, a melhor cama, a melhor comida, os melhores talheres e pratos etc. Enfim, queremos que ela seja bem acolhida e, para isso, colocamos a sua disposição que de melhor tivermos.

Quem já recebeu alguém muito querido em casa, sabe muito bem disso. É esse espírito que invade nosso coração no tempo do Advento. Esse é um tempo que enche o nosso coração de alegria porque preparamos o Natal do Senhor, isto é, a vinda de Jesus. Por essa razão, o Natal é uma das festas mais importantes do nosso calendário litúrgico, perdendo apenas para a Páscoa. Começamos nesse tempo a enfeitar nossas casas com flores, luzes, símbolos natalinos. Alguns desses símbolos não têm muito a ver com Jesus, pois são usados pelo comércio, mas não deixam de fazer alusão a um tempo diferenciado. Assim, o espírito de Natal nos faz sentir essa alegria da espera de uma noite muito importante, como se estivéssemos à espera de uma pessoa querida, que deve chegar a qualquer momento, ou como se esperássemos um filho.

Nesse tempo ficamos mais sensibilizados. Ajudamos mais os outros, sobretudo com presentes e com ações que se deveriam estender ao longo do ano todo. Esse clima de preparação está na liturgia desse tempo.

Pudemos ver como celebrar esses quatro domingos que antecedem o Natal, para nos prepararmos para receber Jesus, de modo que esse tempo não seja celebrado de qualquer maneira, mas que sim deixe em nós a marca da conversão, da mudança para melhor.

Os dois primeiros domingos falam da segunda vinda. Por essa razão, a liturgia tem uma característica escatológica.

Os outros dois domingos falam da primeira vinda, isto é, do nascimento de Jesus propriamente dito. Desse modo, somos convocados a preparar nosso coração, e não somente a nossa casa, para essa chegada transformadora. De nada adianta uma casa toda enfeitada de luzes, se o coração de quem nela habita continuar nas trevas. Por essa razão, antes de qualquer coisa, preparemo-nos internamente, pois isso é o mais importante.

À vista disso, a liturgia da Palavra desse tempo nos mostra, de diferentes formas, como se preparar para essa vinda, a fim de que estejamos atentos. Atentos aos símbolos litúrgicos desse tempo, como, por exemplo, a coroa do Advento, que a cada domingo receberá uma vela acesa, símbolo da nossa atenção e vigilância; a cor roxa, símbolo da penitência e da conversão, e tantos outros sinais que nos ajudam a celebrar esse momento grandioso, marco de um tempo novo, de um mundo onde as injustiças terão um fim e a paz, de fato, reinará. Todos esses símbolos, gestos e palavras nos ajudam a prepararmo-nos para o Natal.

O Natal é a grande e esperada festa do nascimento de Jesus. A segunda maior festa do nosso calendário cristão. A primeira é a Páscoa. Para esse momento importante, preparamo-nos durante quatro semanas, como vimos anteriormente. Foram semanas em que a liturgia insistiu no aspecto da conversão como o meio mais eficaz para essa preparação. Sem conversão não é possível ter acesso aos mistérios no Natal do Senhor.

Só um coração convertido à simplicidade dessa festa consegue vislumbrá-la naquilo que ela tem de essencial: o nascimento do Salvador. Deus que se fez gente, para que pudéssemos ter acesso a ele. Ele se fez um de nós da maneira mais simples que se podia imaginar. Nasceu numa situação inusitada, num contexto de peregrinação, igual aos dos povos nômades do deserto, dos migrantes e andarilhos. Nasceu numa estrebaria de animais, porque não havia lugar para ele nas hospedarias. Nasceu embaixo das pontes, nas favelas, nas ruas, porque não havia lugar para ele nas maternidades, nos hospitais, nos nossos lares. Não havia e ainda não há lugar para ele. Não há lugar para ele nos banquetes que se promovem na noite de Natal. Muitos nem se lembram de que a razão da festa é o nascimento de Jesus. Pensa-se em tudo, menos no essencial, Jesus.

Deus nos surpreende. Ao vir morar entre nós, Deus tem um único objetivo, a nossa salvação. Para sermos salvos, precisamos conhecê-lo, ter acesso a ele. Se ele tivesse nascido num palácio, só os nobres o conheceriam. Os pobres jamais viriam a Deus porque não há lugar para eles nos palácios. Lá eles não adentram. Mas não. Ele nasceu numa estrebaria de animais. Abaixo da linha de pobreza. Nestas condições, todos se podem achegar a ele, principalmente os pequenos, os marginalizados, os figurados nos pastores que foram os primeiros a receber a notícia do nascimento do Salvador. Os pastores conhecem muito bem o que é uma estrebaria de animais. Para conhecê-lo, os nobres terão que se curvar, descer até o nível dos pequenos, senão nunca o verão. Natal é, portanto, a festa da humildade. Nada de luxo e ostentação de poder. O luxo, a ostentação de riquezas, os banquetes não condizem com o verdadeiro sentido do Natal do Senhor. Quem só se preocupa com a festa pode celebrar qualquer coisa, menos o Natal do Senhor. As nossas casas, a cidade, continuam iluminadas pelas luzes natalinas. São sinais exteriores de que estamos vivendo um tempo especial. A luz que brilha hoje ofusca todas as outras luzes.

Dentro do ciclo do Natal celebramos também a Epifania do Senhor. Epifania significa manifestação de Deus aos povos, ao mundo. A liturgia da Epifania nos convida a perceber como Deus se manifesta, hoje, entre nós, quais são os sinais desta manifestação, como estamos reagindo diante deles, o que eles nos ensinam... Assim, as leituras propostas para o domingo da Epifania nos dão essas respostas. Desse modo, vale lembrar a importância desta festa no calendário litúrgico.

A Epifania era, até recentemente, uma festa popular, com importância similar à da festa de Natal. As famílias se reuniam, celebravam juntas, trocavam presentes. Era algo grandioso, tanto no sentido religioso quanto no sentido folclórico e social. Hoje a festa da Epifania, conhecida popularmente como "Dia dos Santos Reis", perdeu muito deste significado festivo.

Apenas a liturgia manteve a sua reserva simbólica e teológica desta festa, transformando-a em solenidade religiosa. Para o calendário litúrgico, essa festa continua sendo muito importante. É tão importante que, em vez de ser celebrada no dia 6 de janeiro, é comemorada no domingo. Celebramos, portanto, dentro do ciclo do Natal, a manifestação de Deus, do menino nascido na manjedoura de Belém, a estrela de brilho radiante, que dissipa todas as trevas.

O gesto dos magos diante do menino é de reconhecimento daquilo que disseram os profetas. Eles se ajoelharam diante de Maria e do menino. Abriram seus cofres e retiraram três presentes (ouro, incenso e mirra) que simbolizavam o tipo de rei ali presente. Um rei diferente de todos os reis vistos até então.

O ouro representa a realeza de Jesus. Um rei distinto de todos os reis que até então a história de Israel havia produzido. Um rei bem diferente de Herodes. O segundo presente, o incenso, representa a divindade deste rei. Eles estavam diante de um rei divino e não de um rei qualquer. O terceiro presente, a mirra, significa que este rei divino daria a vida pelos seus. A mirra era usada para embalsamar os corpos na ocasião da morte. Oferecer a mirra significava não o reconhecimento da morte, mas a doação da vida até as últimas consequências, a missão deste novo rei. Depois de render-lhe estas homenagens, os magos retornaram para a sua terra, seguindo outro caminho. Um caminho que não passaria por Herodes.

Por fim, com a celebração do Batismo do Senhor, fecha-se o ciclo do Natal e inicia-se, na segunda-feira, o Tempo Comum. Tempo este marcado pela vida pública de Jesus, sua missão. Portanto, depois de termos nos preparado bem neste ciclo litúrgico, somos conduzidos para a missão. A missão de fazer o Natal acontecer todos os dias, ou seja, a missão de fazer Cristo nascer todos os dias no coração das pessoas.

Rua Dona Inácia Uchoa, 62
04110-020 – São Paulo – SP (Brasil)
Tel.: (11) 2125-3500
http://www.paulinas.com.br – editora@paulinas.com.br
Telemarketing e SAC: 0800-7010081